卸売業の
経営戦略展開

帳合問題からマーケティングと
リテールサポートへ

尾田　寛仁

三恵社

はじめに

　卸売業や小売業は、消費財のメーカーにとって、流通チャネル上、不可欠な存在である。その卸売業と小売業は、お互いに帳合を巡って、多岐にわたる問題を抱えている。検討するに当り、食品卸売業の帳合変更事例や、日用品卸売業の食品スーパーの帳合事例を取り上げて、帳合に係る諸問題を考えてみよう。帳合変更が、どのような原因で起きるのか、卸売業の経営活動にどのような影響を与えているのかを明らかにしよう。

　卸売業から見ると、取引先小売業との間で起きる帳合の増減は、卸売業の経営収支に直接影響を与える。それだけに、卸売業の経営実務では、帳合問題は根深い。帳合変更によって利するのは、小売業である。小売業による帳合変更圧力によって、卸売業は経営を主導されているといっても過言ではない。メーカーにとって、小売業と卸売業との間の帳合が取引先の卸売業間で移動するだけであるから、売上高に直接的な影響はほとんどない。メーカーは、卸売業と小売業との間の帳合を卸売業の代理店政策として位置づけられるからである。

　卸売業が、帳合問題を超えていくには、経営戦略としてどうしたらよいのであろうか。帳合を戦略的に検討し直すことである。それは、卸売業が経営のあり様を革新することになる。卸売業の将来を期して、卸売業の経営戦略としてマーケティングとリテールサポートを位置付けてみる。

　マーケティングの考え方は、大きな転換期を迎えている。社会がデ

ジタル化していく中で、メーカーが商品を作って、消費者に渡すという伝統的なマーケティング図式が変わってきている。ネット通販や小売業のＩＤ-ＰＯＳの普及を機会に、消費者個々の商品に対する反応や購買動向が、データ化（構造化データ）と言語化（非構造化データ）されて、関係者が直接知ることができる時代になった。

　ＩｏＴ(internet of things)が語られている。財を所有の為に交換するというよりも、ＩｏＴのデータを活用することで、財の利活用に焦点を当てた企業活動の事例を聞く。商品の交換価値というよりも、商品がもたらす利用価値に焦点が当てられている。

　コトラーは、財を中心にしたマーケティング体系を構築した。最近の本では、デジタル時代のマーケティングで「カスタマー・ジャーニー」の概念にみられるように人間への関心を深めている。

　セオドア・レビットは、「消費者はドリルを買うのではない。ドリルで穴を開けたいからドリルを買うのだ」と主張した。商品そのものというよりも、消費者にとって便益がいかに大事であるか、を喝破している。

　『サービス・ドミナント・ロジックの発想と応用』（バーゴ＆ラッシュ共著）は、財ではなく、財がもたらすサービスの視点から書かれている。彼らの主張は、消費者が求めるものは、商品がもたらす知識や技能といった無形の資産であり、サービスである。それによって、消費者が抱えている問題の解決になる。T．レビットの考えに通じる。付加価値の源泉が、モノそのものというよりは、モノを利活用した際に発生するサービスソリューションへ向かっているというのである。

　小売業の本部で行われる商談では、直接的には財としての商品の商談であるが、消費者にもたらす商品の便益や効用を提案している。用

途別陳列や、家庭の部屋別陳列にするかどうかはおくとして、店頭のＰＯＰ等で何を情報発信しているのかといえば、価格訴求もあるが、商品がもたらす機能という価値である。

　商品がもたらす便益や効用は、メーカーだけが考えて作るのではなく、消費者も提案できる時代になった。代表的には、３Ｄプリンターが、消費者も商品作りをするきっかけになっている。消費者は、自らの思いを商品作りに託すことができる時代になった。

　卸売業は、歴史的には産業勃興と共に、作ることから売ることまで大きな役割を果たしてきた。経営の方向次第では、本来の機能を取り戻せるのではないだろうか。即ち、商品開発は、消費者への価値提供（便益や効用）を中心に、製・配・販の枠組みを超えて活動することが可能であると考えている。

　中間流通業は、プライベートブランドの製造と販売を通じて、作る市場にすでに参入している。卸売業がマーケティングを考える上で、商品を開発する、商品を販売する、サービスという機能を販売する等の多様な経営活動が可能である。

　本書の構成は、次の通りである。

　第１章では、帳合とその問題提起、及び帳合変更の原因究明をしている。その上で、卸売業の経営戦略へと展開して、経営の方向付けをする。

　第２章は、卸売業が、帳合を乗り越えて、主体的な経営を行っていくにはどうするのかという点で、卸売業のマーケティングを取り上げる。伝統的なマーケティングからデジタル化そしてリアルタイム化されていくマーケティングの中で、商品を作るとはどういうことなのか

である。商品コンセプトと商品開発に意を注ぐ。その為に、できる限りマーケティングに関するデータ項目を洗い出し、それに関連した計算方法を書く。

　マーケティングに関する事項として、オムニバス風に、次のことを取り上げる。
・商品とサービスの考え方を問い直す
・消費者のライフスタイルは変化する
・ユーザーによる商品開発が進む
・現行の流通チャネルでは費用が掛かる
・小売業の低生産性はなぜ起きるか
・商品出会いの場としてのオムニチャネルは進展する
・シニアマーケティングと向き合う
・卸売業のマーケティングと販売活動の違いは何か等
　第3章では、卸売業固有のリテールサポートを取り上げる。
　米国で卸売業がリテールサポートに至った開発史と、リテールサポートメニューを概観する。
　日本におけるトップ卸売業のリテールサポートを見る。
　リテールサポートは、経営体質の改革である。そして、サービスの有料化に取り組むことである。組織作りと人作りが要になる。

　1978年6月より今日まで、仕事として流通に関わり、社内外の関係各位に多くを教えられ、大変お世話になった。改めて、関係各位に感謝を申し上げる。

2018年4月23日記

尾田寛仁

目次

はじめに・・・・・・・・・・・・・・・・・・・・・・・003

第1章　帳合の問題提起・・・・・・・・・・・・・・・011

　第1節　卸売業の伝統的な存在意義・・・・・・・・・012

　第2節　帳合とは・・・・・・・・・・・・・・・・・014

　　1．帳合とは何か・・・・・・・・・・・・・・・・014

　　2．製配販の帳合関係・・・・・・・・・・・・・・015

　第3節　帳合変更の事例・・・・・・・・・・・・・・016

　　1．食品卸売業とコンビニエンスストアの帳合・・・016

　　2．食品卸売業とGMSの帳合・・・・・・・・・・021

　　3．日用品卸売業と食品スーパーの帳合・・・・・・022

　第4節　帳合変更の原因・・・・・・・・・・・・・・023

　　1．帳合変更の原因には4種類ある・・・・・・・・023

　　2．食品卸売業と商社・・・・・・・・・・・・・・032

　　3．帳合変更による製・配・販への影響・・・・・・039

　第5節　帳合対策と経営戦略・・・・・・・・・・・・041

　　1．帳合変更の原因と対策・・・・・・・・・・・・041

　　2．卸売業における経営戦略を創る・・・・・・・・043

　　3．経営戦略の遂行・・・・・・・・・・・・・・・050

第2章　マーケティングへのアプローチ・・・・・・・・053

　第1節　マーケティング思考・・・・・・・・・・・・054

　　1．マーケティング・フィロソフィー・・・・・・・054

　　2．マーケティングとは何か・・・・・・・・・・・058

第2節　マーケティング活動・・・・・・・・・・・・・・061

　　1．マーケティング戦略・・・・・・・・・・・・・061

　　2．商品コンセプトと商品開発・・・・・・・・・069

　　3．商品開発の過程・・・・・・・・・・・・・・079

第3節　流通チャネル・・・・・・・・・・・・・・・086

　　1．流通チャネル一般・・・・・・・・・・・・・086

　　2．店頭は商品と消費者の出会いの場・・・・・・・091

　　3．製配販の伝統的な価格体系モデル・・・・・・093

　　4．小売業の組織と生産性・・・・・・・・・・・096

　　5．消費者のライフスタイル・・・・・・・・・・100

第4節　ネット通販・・・・・・・・・・・・・・・・108

　　1．ネット通販とマーケティング・・・・・・・・108

　　2．ネット通販の流通チャネル・・・・・・・・・111

　　3．最近のマーケティング・・・・・・・・・・・115

　　4．ユーザーによる商品開発・・・・・・・・・・121

第5節　シニアマーケティング・・・・・・・・・・・123

　　1．少子高齢化社会における消費者の基礎データ・・・123

　　2．高齢化が進むと市場はどうなるか・・・・・・・136

　　3．シニアマーケティングのためには・・・・・・・138

第6節　卸売業のマーケティングと販売・・・・・・・146

　　1．マーケティングと販売活動の違い・・・・・・・146

　　2．卸売業の販売活動・・・・・・・・・・・・・147

　　3．販売組織・・・・・・・・・・・・・・・・・153

第3章　リテールサポートへのアプローチ・・・・・・・・・・159

第1節　米国のリテールサポート・・・・・・・・・・・・・160

　　1．米国卸売業のリテールサポート開発史・・・・・・160

　　2．米国リテールサポートメニュー・・・・・・・・・167

　　3．米国のリテールサポートを学ぶ・・・・・・・・・170

第2節　日本のリテールサポート・・・・・・・・・・・・171

　　1．リテールサポートの実態・・・・・・・・・・・・171

　　2．リテールサポートの今後・・・・・・・・・・・・185

参考図書・・・・・・・・・・・・・・・・・・・・・・・188

10

第1章
帳合の問題提起

第1章　帳合の問題提起

第1節　卸売業の伝統的な存在意義

卸売業の基本的な機能である商流、物流、情報流、金流が、有機的に機能しているから、消費財の生産から消費に至るサプライチェーン[1]が成り立つ。このこと自体が、卸売業の社会的な存在価値である。卸売業が果たしている機能は、社会全体としては有用であり、他に替えがたいものである。例えば、商流の基本機能である品揃え機能は、メーカーには出来ない機能であり、小売業がまさしく求めている機能である。

しかし、卸売業は、小売業からもメーカーからも卸売業としての存在意義を問われている。卸売業が果している中間流通業の機能を個別にみると、メーカーの生産機能や小売業の店舗販売機能とは違い、他産業による"代替可能"な機能と見られている。

商流では、卸売業は、大手量販店の本部商談に同席するが、メーカーは自ら製造販売する商品や販促企画を、主要な小売業と本部商談をすることが常態化している。卸売業は、口座管理上、商談後に必要な事務作業（受注、代金決済等）を行い、物流機能としては店別・カテゴリー別にケースやピースの小分けをして、店舗等に納品している。

一方、卸売業にとって基本的な物流機能ですら、小売業の物流センター納品で見られるように、小売業や３ＰＬ[2]から物流機能のあり方を問われている。

注 1) SCM：企業の枠を超えて物流全体を統合的に管理、最適化する戦略(86頁)
注 2) 3PL：サードパーティーロジスティクスの略。荷主企業に対して物流改革を提案し、包括して物流業務を受託する業態。1PL：荷主企業が自身でロジスティクスを行う。2PL：物流専門業者へロジスティクスを部分的に委託する。

第1節　卸売業の伝統的な存在意義

　GMS[1]の中に、メーカーと小売業を直結させた流通を行っている企業がある。小売業の自社物流拠点で、高回転品をメーカーより入荷・保管して、ケースで店舗に出荷している。そのGMSが、低回転品は依然として卸売業の物流機能に依存しており、卸売業から小売業物流センター経由で店舗向けにピース出荷をしている。

　低回転品も、品揃えの都合からいえば、直接取引すればよい。けれども、低回転品に係るメーカー数やアイテム数は多く、工場は全国に散在しており、発注数は少ない。従って、小売業の単独企業では、発注数が少なく、発注頻度は多く、代金決済等の口座管理や在庫管理等から、コストが高くなるのが現状である。

　首尾一貫して、メーカーとの直接流通になると、伝統的な流通体系に一石を投じることになる。経営は、短期的な経済的合理性だけで判断されるのではなく、将来を見越した戦略が必要である。くだんのGMSにも求められる。

　小売業が、同業他社との競争の中で、なりふり構わず収益確保に走っている。すべてのサービス機能が納価に含まれているとする現在の価格体系[2]では、卸売業は納入価格の低下やリベート率のアップをせざるを得なく、収益性が悪くなってきているのは周知のとおりである。

　卸売業は、他産業とは差別化できるが、同業の卸売業と機能的に差別化できてこそ、企業としての存在価値が生まれる。顧客に有用との評価を得るからである。利益の視点で言えば、事業として存続していくには、卸売業の経営戦略が、問われる所以である。

注1) GMS：ジェネラルマーチャンダイジングストアの略、日本型総合スーパーストア。
注2)「取引価格」の項(28頁)を参照

第1章　帳合の問題提起

第2節　帳合とは

1．帳合とは何か

　帳合とは、①現金や在庫商品と帳簿を照らし合わせ、計算を確かめること。②収支を帳簿に記入すること。③計算すること。④帳簿による取引。また、その取引先。と、大辞林（第三版）に書かれている。商取引において発生した商品の売買や代金の支払・回収の有無を、現金や在庫商品と帳簿と照合して、計算を確かめることであるとしている。

　実際のビジネスの場面では、帳合とは、企業同士が相互に取引口座を持ち、恒常的な取引関係があることを示す。即ち、帳合は、自社と取引関係があることを意味し、小売業であれば、仕入先として特定の卸売業が決定している取引のことを言う。従って、帳合先は、仕入取引をしている相手のことである。

　例えば、ドラッグストアやコンビニエンスストア等で帳合と言えば、継続的に取引のある卸売業を指す。ドラッグストアの店舗には、店舗売場面積にもよるが、2～4万点といわれる商品が品揃えされており、薬、化粧品、日用雑貨や食料品等の卸売業と取引をしている。

　食品業界や日用品業界のような消費財では、メーカー・卸売業・小売業、略して製・配・販という3者で流通が形成されている。その流通の中で、卸売業と小売業との間で行われている商取引は、卸売業が代理店又は特約店であるメーカーの商品を取り扱うように、小売業が帳合を決めている。帳合が決定される順で言えば、小売業、卸売業、メーカーとなる。

　小売業A社が、メーカーC社の商品を仕入れたいとすると、これを

第2節　帳合とは

直接メーカーＣ社から仕入れるのではない。小売業Ａ社は、卸売業Ｂ社にメーカーＣ社から仕入れてもらい、卸売業Ｂ社から仕入れる取引方法をとっている。但し、製薬メーカー等では、小売業と直接取引をしているところもある。

　帳合取引を義務付けているのは小売業である。小売業は自社に商品を売るなら、この卸売業を通してくれという。製・配・販の中では、一般的に小売業が一番強い力を持っている。メーカーや卸売業からすると、小売業は得意先であるからである。

２．製配販の帳合関係

　製・配・販の帳合を例示した表 1-1（次頁）は、卸売業を主体にして書かれている。

　横軸方向は、メーカー別に、どの卸売業がどの小売業を担当しているかを表す。

　縦軸方向は、小売業毎に、どの卸売業がどのメーカーを帳合として担当しているかを表している。

　O印の付いた卸売業Ｏ社を例にとると、卸売業Ｏ社は、メーカー/タ社の商品を小売業３社（SM①、DRG①、DS①）と取引をしていることを表す。

　小売業別にみると、小売業は同じカテゴリーの商品でも、複数の卸売業に帳合を委ねている。その結果、メーカー別に見ると、小売業別に卸売業の取り扱いがばらついている。このために、メーカーは、商品毎のマーケティング施策と共に、代理店営業政策が必要になる。

第1章　帳合の問題提起

＜表 1-1＞卸売業の帳合先小売業とメーカー別取り扱い状況

小売 / 製造	GMS①	GMS②	SM①	SM②	SM③	DRG①	DRG②	DRG③	HC①	DS①	O社計
ア社	O	O	O	P	P	Q	O	Q	O	O	6
カ社	O	O	O	P	O	Q	P	O	O	O	7
サ社	O	Q	O	Q	O	P	O	P	O	R	5
タ社	Q	Q	O	Q	Q	O	P	P	P	O	3
ナ社	O	O	O	O	O	P	R	O	R	O	7
ハ社	O	P	O	O	O	O	R	O	R	R	7
マ社	O	O	O	O	P	S	O	O	S	S	6
ヤ社	O	P	O	R	P	S	R	O	S	S	4
ラ社	O	O	O	O	R	S	O	O	O	O	8
ワ社	O	P	O	S	R	R	S	S	O	P	4
他メーカー	－	－	－	－	－	－	7社	4社	－	－	
O社計	9	5	10	4	4	4	4	5	7	5	57

注1)枠内のO，P，Q，R，S等と表記されているのは、卸売業の1社毎を表す。

第3節　帳合変更の事例

1．食品卸売業とコンビニエンスストアの帳合

1）セブンイレブンジャパン（SEJ）

　セブンイレブンジャパンは、2016年5月、主幹事ベンダー3社三井食品、伊藤忠食品、日本酒類販売の帳合の一部を、国分に変更した。帳合変更に伴う主幹事卸売業の比較と、変更の事由を一覧にする（表1-2次頁）。帳合変更による年間取引金額は、1,300億円とされており、その総額が、国分の帳合に変更になった。三井食品は650億円減少、

伊藤忠食品は570億円減少、日本酒類販売は80億円減少と推定される。

帳合変更事由は、従来から帳合変更の都度言われているが、「A社とB社を比較すると、A社の調達コストの方が安い」あるいは「調達先を複数にして競争原理を働かせる」である。

セブンイレブンは、商物分離であり、今回、国分が得たのは商流のみである。物流は、これまで通り、伊藤忠食品、三井食品、三井物産のセブンイレブン専用物流会社等が行っている。

国分が行う業務は、商品供給による在庫負担や配荷確認などの物流サポートと、売場提案等のリテールサポートの二つである。国分のSEJ対応部門の流通事業部にはPB開発チームがある。

<表 1-2>セブンイレブンジャパン帳合変更事例

食品卸 (商社)	主幹事		変更後の 売上増減額	帳合変更事由
	従来	変更後		
国分	-	○	+1300億円	
三井食品 (三井物産)	○	○	△650億円	国分の方が安い。
伊藤忠食品 (伊藤忠商事)	○	○	△570億円	競争原理を働かせたい。
日本酒類販売	○	○	△80億円	

出所『激流 2016 年 9 月』14 頁～15 頁から作成

帳合変更が起きた 2016 年度の食品卸売業の決算発表を掲載しておく（表 1-3 次頁）。国分、三井食品、伊藤忠食品の各社は、経営努力もあり、単純にはSEJの帳合変更による売上高や利益の増減が表れていない。例えば、国分の売上高は前期に対して 1,801 億円増加しており、SEJ帳合増加による売上のみが増加したわけではない。また、利益は 898 百万円減少している。他の利益減少要因も考えられるが、

第 1 章　帳合の問題提起

帳合を新規に獲得するに当り、何らかの経費増加が考えられ、利益減少に影響があったことが伺える。

　三井食品は、帳合減少によって売上減少があったにもかかわらず、売上高はほぼ横ばいを保った。他の帳合先の取引増大、あるいは新規開拓等の経営努力があったことを推測させる。

　伊藤忠食品においても、三井食品と同様なことが言える。前期比の関係で言えば、売上高は 222 億円の減少であるので、セブンイレブン以外の帳合では、相当の販売努力をしている。

<表 1-3>食品卸売業の決算（2017 年 3 月期迄）

企業名	売上高 （億円）	前年比 (%)	経常利益 （百万円）	前年比 (%)	経常利益率(%)
三菱食品 [1]	2 兆 4,114	1.2	18,877	3.6	0.76
日本アクセス [2]	2 兆 0,154	6.1	20,405	12.9	0.95
国分グループ本社	1 兆 8,178	11.0	7,909	△10.2	0.33
加藤産業	9,531	2.9	9,043	△10.7	0.67
三井食品 [3]	7,990	0.8	2,500	△0.5	0.31
トモシア HD [4]	6,830	-	4,749	-	0.53
伊藤忠食品 [5]	6,310	△3.4	4,565	△2.2	0.71

出所『日経業界地図 2018 年版』『会社四季報業界地図 2018 年版』より、食品卸売業の売上上位 7 社を選択。決算期は、国分 2016 年 12 月期、加藤産業 2016 年 9 月期を除き、他社は 2017 年 3 月期。

注 1)三菱食品は、2011 年 4 社経営統合発表(㈱菱食 1 兆 4023 億円、明治屋商事㈱3,441 億円、㈱フードサービスネットワーク 3,146 億円、㈱サンエス 2,026 億円、計 2 兆 2,636 億円)。2012 年に統合が完了。
注 2)日本アクセスは、1993 年、仁木島商事、島屋商事、雪印商事、東京雪印販売が合併し雪印アクセスとなる。2004 年に社名を㈱日本アクセスに変更。
注 3)三井食品は、2000 年に㈱三友小網が誕生し 2004 年に現社名に変更。
注 4)トモシア HD は、旭食品、カナカンと丸大堀内が 2013 年 1 月に経営統合
注 5)伊藤忠食品は、1886 年創業、1996 年に伊藤忠食品㈱に社名変更。

第3節　帳合変更の事例

２）ファミリーマート

　伊藤忠商事傘下のファミリーマートは、ユニーグループと 2016 年 9 月に経営統合した。それに伴い、ユニー傘下のサークルＫサンクス（略称ＣＫＳ）とファミリーマートとが合併した。コンビニエンスストア店舗数で 17,681 店（ファミリーマート 11,328 店、ＣＫＳ6,353 店）になる。同時期のＳＥＪ（17,491 店）と並ぶ店数規模になる。

　合併前のファミリーマートとサークルＫサンクスには、それぞれ食品卸売業の帳合があった。合併後は、食品に関する取引先卸は、日本アクセス（伊藤忠商事系列）に一本化された。

<表 1-4>ファミリーマート帳合変更事例

カテゴリー	帳合変更前		帳合変更後
	ファミリーマート	ＣＫＳ	
酒	国分 加藤産業	舛喜	日本アクセス
加工食品	加藤産業	カナカン 旭食品 トーカン 昭和	日本アクセス
冷凍食品	－	－	日本アクセス
菓子	種清	コンフェックス 種清	ドルチェ（日本アクセス子会社）
物流			食品の配送は日本アクセス

出所『激流 2016 年 9 月』、以下同誌記事から、表 1-5，表 1-6 を作表している。

19

第 1 章　帳合の問題提起

3）ローソン

　三菱食品(株)は、2011 年 4 月に、食品卸売業 4 社を経営統合してできた[1]。その時に、ローソンと取引していた日本アクセスとの取引を中止し、山星屋（丸紅子会社菓子卸）の取引を半減化した。その分を三菱食品に帳合を移した。

　さらに 2016 年 6 月に帳合を移動して、三菱食品は 410 億円増加した。減少した卸売業は、国分が 160 億円減少、トモシアが 90 億円減少した。山星屋が 160 億円の帳合が消滅した。

<表 1-5>ローソン帳合変更事例

カテゴリー	帳合変更前	帳合変更後
菓子	山星屋	三菱食品
加工食品	旭食品（トモシア）	三菱食品
酒	国分（国分のみの特約は残す）	三菱食品

　以上のように、コンビニエンスストア大手 3 社をみると、ファミリーマートやローソンのように、商社による取引卸売業の系列化が明確である。伊藤忠商事と日本アクセスや伊藤忠食品、三菱商事と三菱食品のように、商社による川上から川下まで一気通貫のバリューチェーンを構築していくように見える。

　セブンイレブンジャパンは、絶えず取引先を競わせる方式を採用しているようだ。

注 1)　三菱食品の食品卸売業 4 社経営統合は 18 頁注 1 参照

第3節　帳合変更の事例

２．食品卸売業とGMSの帳合

１）イオン

　三菱商事は、イオンの筆頭株主（4%）である。加工食品の取引卸は、三菱食品と加藤産業の2社体制である。ダイエーがイオンの完全子会社になった2015年1月を機に、ダイエーの主要卸であった国分は取引を失う。

２）イトーヨーカ堂

　セブン＆アイは、商社色が最も薄い企業である。商社もコントロールできない企業と言われている。主要幹事会社3社の三井食品、伊藤忠食品、日本酒類販売に加えて、国分が2010年に口座を開設した。

３）ユニー

　ユニーは、食品の帳合を2016年7月に大きく変えた。地場卸売業中心から大手卸売業に集約している。帳合変更前と変更後を一覧にしておく。

<表 1-6>ユニー帳合変更事例

カテゴリー	帳合変更前	帳合変更後
特徴	名古屋、関東、山梨、北陸の4エリアで帳合が異なる。地場卸との取引が多かった。	2016年7月から帳合を統一し、大手卸売業に集約を図る。
酒	東海酒販（トーカン、秋田屋）三菱食品	伊藤忠食品
加工食品	伊藤忠食品（名古屋、関東）	伊藤忠食品

第1章　帳合の問題提起

	国分 トーカン カナカン 地場卸（北陸中央食品等）	国分
菓子	コンフェックス 種清	
日配品	トーカン 地場卸	

3．日用品卸売業と食品スーパーの帳合

　食品スーパーA社は、年商2,000億円である。生鮮三品や加工食品等が主たる売上であり、約100店舗を有している。家庭用品の推定取引総額は、年間100億円であり、その売上構成比は5％である。A社の家庭日用部門とは、4社の日用品卸売業が取引をして、競合している。メーカー直販の販売会社1社を除き、卸売業3社は、ほぼ均等な割合で納品していた。

　食品スーパーA社は、取引先の日用品卸売業4社から3社に集約を目論んでいた。その為に、食品スーパーA社は、競合している卸売業3社に納品条件に関して見積書の提出を求めた。また、食品スーパーA社は、日頃の取引状況に関して卸売業4社の比較をしていた。

　卸売業B社は、食品スーパーA社が創業した時から取引をしていた。日頃から円滑に取引をして、週1回の本部とのミーティングも欠かさず実施しており、取引継続には自信があった。卸売業B社社内の一部には、取引の増額を予想する向きもあったようだ。

ところが、卸売業B社は、食品スーパーA社から取引を断られた。卸売業B社には、取引中止になったことは衝撃的なことであった。卸売業B社の取引は、他の卸売業2社に引き継がれることになった。

第4節　帳合変更の原因

1．帳合変更の原因には4種類ある

1）資本系列やM＆Aによる帳合変更
(1)大手小売業が資本出資している小売企業を統合する
　大手小売業が資本出資している小売業を統合することによって、各々の小売業と取引があった卸売業の帳合に変更が起きる。

　第3節で事例に挙げた卸売業B社の取引先の中で、大手小売業が資本出資している小売業は4社あった。その取引金額の内訳は、ホームセンターA社85億円、ドラッグストアA社30億円、ドラッグストアB社25億円、ドラッグストアC社10億円である。この4社は、出資先である大手小売企業によって合併される可能性がある。従って、出資先小売業に帳合を持っていない卸売業B社は、帳合喪失の可能があり、帳合喪失可能額は年間売上高150億円になる。

(2)M＆A（企業の合併・買収）
　小売業同士の合併や協業によって卸売業の帳合が集約される。

　卸売業B社では、小売業同士のM＆Aの予想として、ドラッグストアD社とドラッグストアE社の合併が見込まれおり、合併すれば年間

第1章　帳合の問題提起

売上額は50億円になる。この事案でも卸売業Ｂ社は、帳合喪失の可能性が高かった。

(3)商社による卸売業と小売業の系列化、又は卸売業同士の合併

①三菱商事、伊藤忠商事と三井物産等の商社が出資している食品卸売業に、小売業の帳合を集約する。第3節で書いたように、商社系列の食品卸売業がこの典型である。

②卸売業同士のＭ＆Ａによる帳合変更がある。

　但し、小売業は、帳合間の売上構成比を保つために、卸売業同士が合併をして売上高が増える時は、帳合を他の卸売業に変更することで、帳合増加による売上は見込めないように調整している。

(4)資本系列やＭ＆Ａ分析からみた卸売業

　卸売業Ｂ社の取引先分析から、Ｂ社全社でみると、資本系列やＭ＆Ａによる帳合喪失の可能性は、全売上高1,000億円中200億円と見られた。それに伴い売上総利益は25億円減少すると推定された。固定費37億円/年は、売上増減に関係なく発生する。限界利益（売上高－変動費）は売上高200億円減少に伴って8億円減少すると見込まれた。従って、経常利益は8億円減額し、赤字になることが見込まれた。

　以上の検討数値を損益計算書形式でまとめておく（表1-7 次頁）。帳合モデルＡは、帳合が減少して、売上高が200億円減少する時である。逆に、帳合モデルＢは、帳合が増加して、売上高が200億円増加する時である。両者の違いが、営業利益や経常利益において端的に表れている。経常利益は、通常6億円と設定している。売上高が200億円減少すると、経常利益は△2億円になり、売上高が200億円増加すれば経常利益は14億円になる。限界利益8億円が上下していることがわかる。

第4節 帳合変更の原因

<表1-7>帳合の増減による経営収支への影響

科目	X期例示		帳合モデルA 売上高200億円減少		帳合モデルB 売上高200億円増加	
	金額(億円)	構成比(%)	金額(億円)	構成比(%)	金額(億円)	構成比(%)
売 上 高	1,000	100.0	800	100.0	1,200	100.0
売 上 原 価	876	87.6	701	87.6	1,051	87.6
売上総利益	124	12.4	99	12.4	149	12.4
（変動費）	(86)	(8.6)	(69)	(8.6)	(103)	(8.6)
（固定費）	(37)	(3.7)	(37)	(4.6)	(37)	(3.1)
販 管 費	123	12.3	106	13.2	140	11.7
営 業 利 益	1	0.1	△7	△0.8	9	0.7
営業外損益	5	0.5	5	0.6	5	0.4
経 常 利 益	6	0.6	△2	△0.2	14	1.1

注．表1-7を検討するに当り、卸売業の経営収支に関連する勘定科目の相互
関係を計算式で示す。下記の（ ）内は、下記に書いた計算の数値例である。
売上総利益(10)＝売上高(100)－売上原価(90)
営業利益(2)＝売上総利益(10)－販売費・一般管理費(8)
経常利益(2)＝営業利益(2)＋営業外収益(1)－営業外費用(1)
　　　　　＝売上高(100)－（変動費(93)＋固定費(5)）
販管費(8)＝販管費変動費(3)＋固定費(5)
変動費(93)＝売上原価(90)＋販管費変動費（物流変動費(1)＋納品手数料(2)
　＋その他販売費(0)）＋営業外損益（売上割引(1)－仕入割引(1)）
固定費(5)＝販管費固定費（人件費(3)＋減価償却費(1)＋物流固定費(1)＋その
他事業固定費(0)＋本部共通固定費(0)）
限界利益(7)＝売上高(100)－変動費(93)＝固定費(5)＋経常利益(2)
限界利益率(7%)＝限界利益(7)÷売上高(100)
損益分岐点売上高(71.4)＝固定費(5)÷限界利益率(7%)
損益分岐点比率(71.4%)＝損益分岐点売上高(71.4)÷売上高(100)

２）見積合せと卸売業の経営収支

(1)小売業からの取引条件等に関する見積合わせ

　小売業は、どの卸売業が低い納入価格と高いリベート率を出すかと
いう見積合せをすることによって、帳合の変更をしている。卸売業と

第1章　帳合の問題提起

小売業の力関係が出るところであり、小売業の発言力の方が勝っている。場合によっては、小売業の優越的地位の乱用になりかねない。

(2) 卸売業Ｂ社が提示したリベート率

　第3節の事例で書いた卸売業Ｂ社が食品スーパーＡ社に提示したリベート率は、Ｂ社が内部管理用に使っている貢献利益（顧客別営業利益－顧客別販管費の変動費）が、Ｂ社としてはゼロになるほど高かった。しかし、卸売業Ｂ社がＡ社に提示したリベート率は、競合卸2社と比較すると、1〜1.2％低いと推定された。即ち、競合卸2社が提示しているリベート率は、卸売業Ｂ社の収益性では如何ともし難いほど、高いリベート率であった。食品スーパーＡ社は、目論見通りに、高いリベート率を手にすることができた。リベート率の引き上げが行なわれ、小売業はセンターフィー同様に、帳合変更によって卸売業から利益を稼ぐことができる。

　こうした事例は、食品スーパーＡ社に限った事ではなく、他の小売業においても日常的に起きている。毎年のように合い見積もりを提出させる小売業がある。継続的に納入価格を下げることやリベート率を上げることは、メーカーと卸売業の関係から言って、できることではない。客先によっては、自社を特別扱いすることを主張する会社がある。そうした経営判断もあるかもしれないが、できる相談ではない。

(3) 卸売業の経営収支への影響

　卸売業の事業は、メーカー及び小売業との間における帳合ビジネスになっている。顧客である小売業の対応如何により、卸売業は、帳合獲得と喪失の可能性が常にある。これによる売上高及び利益への影響は大きく、事業継続を左右する可能性がある。顧客の中で量販店対象の事業は、帳合獲得と喪失の影響が顕著である。

第4節　帳合変更の原因

　帳合喪失による売上や利益への影響は、個別企業の取引金額による
が、例えば、売上高が減少すると、それに準じて営業利益も減少が見
込まれる。

　損益計算書のモデル(下表)に即して言えば、帳合の増減によって、
売上高は増減する。小売業との売上取引であるから、勘定科目「売上
割戻金」に反映し、売上割戻金の増減になる。メーカーとの仕入取引
に連動して総仕入高が増減し、かつ勘定科目「仕入割戻金」の増減に
も反映し、売上原価の増減になる。従って、売上総利益も増減する。
更に「営業外損益科目（売上割引、仕入割引）」に反映して、営業利
益と経常利益が増減する。

<表1-8>損益計算書のモデル

科　　目		構成比（%）	
売　上　高	総　売　上　高		100.0
	売上値引き	1.6	
	売上割戻金	1.4	
	純　売　上　高		97.0
売　上　原　価	機　首　在　庫		9.0
	総　仕　入　高		98.2
	仕入値引き	0.3	
	仕入割戻金	9.6	
	純　仕　入　高		88.3
	期　末　在　庫		9.0
	売　上　原　価		88.3
売上総利益			8.7
営業外損益			
売上割引		0.1	
仕入割引		0.4	
実質売上総利益			8.4

第1章　帳合の問題提起

3）取引価格からの制約

(1)取引価格

　小売業が卸売業に対して優越的な地位を活用するのは、取引価格体系にあるとも言える。現在の取引価格は、納品に関わる経費が納入価格に含まれていることになっているし、店頭渡しが前提になっている。従って、小売業が卸売業に対して、仕入れ時に納入価格を下げることに力を入れるはずである。

　国際貿易で言えば、日本の商慣行は、ＣＩＦ(cost insurance freight)のように、売主が船積み費用、保険料、運賃を負担する契約と同様になっている。欧米の商取引が工場渡しであり、ＦＯＢ(free on board、本船渡し)のようになっているのとは、真逆である（下表）。

<図 1-1>日本と欧米の納入価格

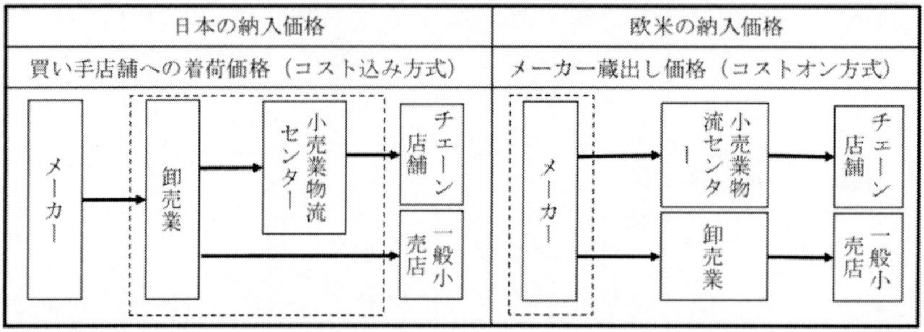

出所『卸売業の経営戦略課題』尾田著　三恵社　2016 年6月P.58 参照

　(2)仕入価格と流通コストの考え方は、店舗着荷価格基準

　小売業の仕入価格（卸売業の納品価格）の中に、卸売業から店舗着荷までの流通に伴うコストが含まれていることが、取引価格の前提になっている。その為に、流通コストも納入側（卸売業）負担になっている。

第4節　帳合変更の原因

<図1-2>粗利益構造の参考例

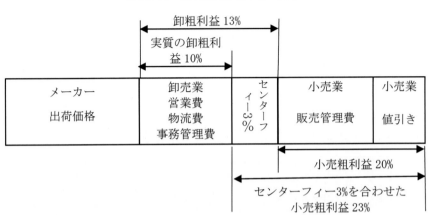

(3)仕入側対応

　小売業（仕入業者）は、仕入価格をいかに低減させるかが、仕入取引上のポイントになる。小売業は、卸売業（納入業者）に各種の要請をした方が得であると考えている。小売業による優越的地位の乱用が発生しやすくなる。例えば、小売業のバイヤーはじめ経営幹部は、取引を有利に進めるために、卸売業に対して、帳合変更を商談時に日常的に通告することがある。

(4)運賃の考え方の変更事例

　国土交通省が発表した運賃の考え方「標準貨物利用運送約款（改正17/10/30）」によれば、取引価格をＦＯＢのように改定しないと、会計上、趣旨は生かされないことになる。

　改正の趣旨は、標準貨物自動車利用運送約款と標準鉄道利用運送約款について、改正を行うことにより、運送の対価としての「運賃」と運送以外の役務等の対価としての「料金」を適正に収受できる環境を整備することにある。

第1章　帳合の問題提起

改正は、運送状等の記載事項として「積込料」「取卸料」「待機時間料」等の料金の具体例を規定する。料金として積込み又は取卸しに対する対価を「積込料」と「取卸料」とし、荷待ちに対する対価を「待機時間料」と規定する。さらに、附帯業務の内容として「横持ち」等を明確化等となっている。スケジュールは告示の交付が2017年10月30日、告示の施行が11月4日である。

<図1-3>標準貨物利用運送約款改正のイメージ

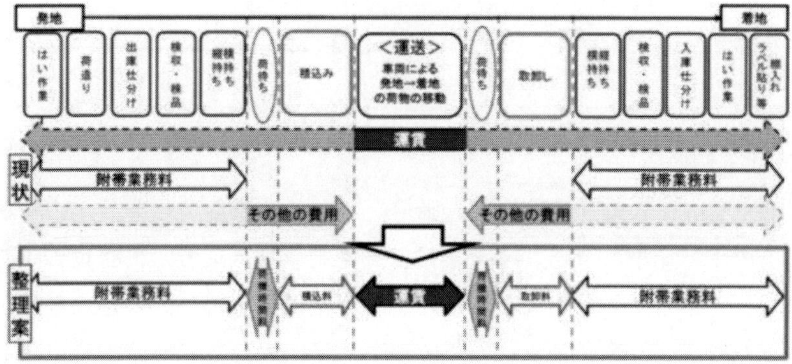

(5)粗利益（マージン）

長年の商慣行で実質的にメーカー建値が生きている場合が多く、一定の粗利益がメーカーで設定している価格体系の中に含まれているかのように思われている。長年の商慣行により、卸売業は、粗利益が他社依存で決定される体質になっている。メーカーからの仕入割戻金の率と売上総利益率を比較するとよくわかる（表1-8, 27頁）。この経営体質を変え、価格設定ができる、あるいは価格主導できるようになることがビジネスの原点である。

第4節　帳合変更の原因

4）日常の取引よる帳合変更

(1) 日常の取引の評価

　日常の取引の中で、取引条件以外で、それ以上の価値を顧客に提供
しているかどうかである。卸売業は、商流・物流・情報流・金流の
4つの基本機能がある。具体的には、日常的に商談があり、品揃え提
案、売場提案、情報提供、オペレーション（欠品率、受注・納品率等）
がある。これらの諸機能が正しく運営されているかどうかの評価であ
る。

(2)小売業による帳合評価

　食品スーパーA社は、卸売業4社の帳合先を決定するに当り、取引
先を6項目について5段階評価している。卸売業C社にその評価結果
を提示した。卸売業B社は、4社中一番低い評価であった（表1-9次頁）。
①提案しているリベート率が、他社に比較して低かった。
②卸売業B社に関して日常の取引活動で指摘されたことは、取引に係
るミスがあり、運営力が低いことである。例えば、A社の店舗発注に
対して欠品が多いとの指摘である。事実とは言い難いので、B社の自
社データで納品状況を説明しても受け入れられず、また、A社からの
データの提示はなかった。他の日常取引活動要因であったかもしれな
いが、発言はなかった。
③取引をしていく上で、食品スーパーA社に最大のメリットをもたら
す卸売業であり、メーカーに影響力がある卸売業であることが求めら
れた。メーカーとの取引額や取引順位をB社は、データ化していたが、
何をもって影響力があるとするかのA社の指摘はなかった。

31

第1章　帳合の問題提起

<表 1-9>小売業による帳合評価の例

評価軸	品揃え力	売場提案力	運営力（欠品、物流等）	情報伝達力	卸経営の将来	リベート率	評価合計
A社	4	3	4	3	4	4	22
B社	3	3	2	3	3	2	16
C社	4	3	3	4	4	4	22
K社	2	5	4	4	5	3	23

２．食品卸売業と商社

１）商社による食品卸売業の系列化

　コンビニエンスストアやGMSにおける食品卸売業の帳合は、第3節に事例として書いた通り、近年、商社を中心に大幅に変わった。

　商社は、組織体をオーガナイザーできる能力がある。その組織力を使って、食品の原材料輸入から製造及び、国内消費迄を一貫して取り扱うことができる。食品によっては、商社がメーカーの帳合を持っていることがある。

　加えて食品卸売業に出資することで、傘下に収めれば、なおのこと商社の強みを発揮する。人的関係で言えば、三菱食品、日本アクセス、三井食品、伊藤忠食品のいずれの社長も、系列の商社出身である。

　更に、商社は、コンビニエンスストアを梃にして小売業の経営方法を刷新する。国際情勢を見ると、ＡＩに象徴されるように、情報を基にした経営のシステム改革や、無人店舗化が進んでいくものと思われる。

　商社と食品卸売業及び小売業との関係を一覧にしておく（表 1-10 次頁）。

第4節　帳合変更の原因

<表 1-10>商社による食品卸売業と小売業系列化

商社	食品卸	商社出資比率	小売業の例		
			コンビニ	GMS	SM等
三菱商事	三菱食品	62%	ローソン(32%)	イオン(4%)	ライフ(19%)
伊藤忠商事	日本アクセス	93%	ファミリーマート(35%)	ユニーグループHD(2%)	関西スーパー(4%)
	伊藤忠食品	50%	セブンイレブン		
三井物産	三井食品	100%	セブンイレブン	セブン&アイHD(1%)	QVC ジャパン
丸紅	国分首都圏(株)		セブンイレブン		
	山星屋ナックスナカムラ	95%			東武ストア(31%)ユナイテッドスーパーマーケットHD

一方で、商社資本とはいえ、小売業界全体から見ると、商社間での局部の動きであり、限られた小売業の帳合増加・減少の繰り返しにしかならないと、見受けられる（下表）。

<表 1-11>食品卸売業と商社による小売業系列化と帳合の増減

食品卸売業	商社	帳合増加	帳合減少
三菱食品	三菱商事	ローソンイオン	ファミリーマートS&I
日本アクセス	伊藤忠商事	ファミリーマートユニー	
国分	独立系	セブンイレブンS&I	ローソンファミリーマートダイエー(現イオン)

33

第1章 帳合の問題提起

　小売業は幅広く存在する。独立系の小売業の動きに注目をしておく
ことである。

２）食品の市場規模

　商社が、食品卸売業を中心に組織化する理由は原材料の輸入がもち
ろんあるが、食品に係る市場規模が大きいことである。内食、中食、
外食の市場規模を単純に合算すると、約111億円になる（下表）。

<表1-12>食品市場規模

市場	業種・業態	市場規模
内食	スーパー	18兆0483億円
	ＥＣサービス	15兆1358億円
	地方スーパー	11兆6802億円
	コンビニエンスストア	11兆1908億円
	ドラッグストア	6兆4916億円
	ホームセンター	3兆9850億円
	生協	3兆4842億円
	プライベートブランド(PB)	2兆7823億円
	小計	72兆7982億円
中食	内食と外食以外の食事形態	7兆5414億円
	小計	7兆5414億円
外食	レストラン、ファミレス等	25兆4169億円
	ファストフード	2兆9682億円
	喫茶、複合カフェ、コーヒーチェーン	1兆1175億円
	居酒屋、回転寿司等	1兆0077億円
	小計	30兆5103億円
合計		110兆8499億円

出所『日経業界地図2018年版』2016年度日経等調べ。同誌では、企業間でデー
タが跨っている可能性はあるが、各々の市場規模は独立しているとして単純
に合算している。

3）食品の温度管理

　食品は、商品の温度管理が関わっている。コンビニエンスストアでは、4温度帯（常温、チルド、冷凍、低温）での管理が必要である（下表）。

<表 1-13＞ＣＶＳの温度管理帯

| | 常温 | 低温 | | 定温 |
		チルド	冷凍	
CVS の温度管理例	温度管理が行われていない	－5度C〜5度Cの間で管理	－18度C以下で保存管理	例えば20度Cで管理
内食の品目例	加食、調味料、スナック菓子等	乳製品、魚肉練り製品、麺類等	冷凍食品、アイスクリーム	米飯、焼立てパン、弁当

　市場の規模と温度管理が、食品のサプライチェーンに必要なことから、物流の投資には相当額かかる。因みに、低温倉庫を作り、店舗納品までの運営を維持していくには、常温倉庫の建設及び運営の数倍はかかると試算している。こうした食品の市場規模や温度管理上の事情もあって、食品卸売業では、規模の経済が進んだと考えられる。

　食品卸売業5社の部門別業績をみると、低温食品の構成比が高い卸売業が、概して売上高が高いという結果である（表 1-14 次頁）。

　売上高と低温食品構成比の関係は、因果関係というよりはむしろ相関関係である。総売上高と低温食品の売上高との関係は、経営方針と経営努力の結果というべきである。食品卸売業5社の内、商社資本が入っている食品卸売業は、M＆Aによって事業拡大を図っていることを社名が物語っている。結果として、部門構成比が大きく変わってきている。

第1章　帳合の問題提起

<表1-14>食品卸売業5社の部門別構成比

三菱食品		日本アクセス		国分グループ本社		加藤産業		伊藤忠食品	
2兆3830億円		1兆8990億円		1兆6380億円		9260億円		6530億円	
部門	構成比	部門	構成比	部門	構成比	部門	構成比	部門	構成比
低温食品	39.1	ドライ	41.7	酒類	43.7	インスタント	19.5	酒類	38.1
加工食品	31.8	チルド	35.4	加工食品	36.3	酒類	17.1	嗜好飲料	23.4
酒類	17.6	フローズン	17.6	冷凍チルド	12.1	飲料	16.5	調味料他	15.7
菓子	11.5	他	5.3	菓子	2.6	調味料	15.6	麺等	9.0
他	0.1			他	5.3	要冷品	12.4	ギフト	7.1
						嗜好品	10.4	冷凍チルド	3.9
						乾物他	8.5	他	3.2
合計	100.0	合計	100.0	合計	100.0	合計	100.0	合計	100.0

注. 食品卸売業の売上高は、各社2016年3月期等による。

　独立系の雄である国分の部門別売上高は、2015年度（上表）に比較して、2016年度(16/1/1～16/12/31,下表)は、冷凍・チルドが大きく伸長している。物流において冷凍倉庫を建設し、冷凍・チルド部門を強化してきたことが伺える。

<表1-14②>国分の部門別売上(2016年度単位：億円)

部門	加工食品	冷凍・チルド	菓子	食品合計	酒類合計	その他計	合計
売上高	6,649	2,975	443	10,066	7,045	1,067	18,179
構成比	36.6	16.4	2.4	55.4	38.7	5.9	100.0%
前年比	111.7	149.8	103.3	120.3	98.5	123.2	111.0%

第4節 帳合変更の原因

4）フルライン化とフルチャネル化

(1) フルライン化

　内食市場において冷凍食品が伸張してきたことを受けて、卸売業によっては、事業内容をフルライン化していっている。食品卸売業上位の売上高と経常利益を 2008 年度と 2016 年度の比較をすると、下表の通りである。各社の売上高と経常利益ともに伸長率に違いがある。

<表 1-15＞食品卸売業の売上高変化

年度	2016 年度		2008 年度	
企業名	売上高（億円）	経常利益（百万円）	売上高（億円）	経常利益（百万円）
三菱食品	2 兆 4,114	18,877	2 兆 3,328	11,449
日本アクセス	2 兆 0,154	20,405	1 兆 3,678	11,266
国分グループ本社	1 兆 8,178	7,909	1 兆 4,715	12,166
加藤産業	9,531	9,043	6,415	5,701
三井食品	7,990	2,500	5,013	2,944
トモシア HD	6,830	4,749	―	―
伊藤忠食品	6,310	4,565	6,047	4,331

注1) 2008 年のデータ出所『流通統計資料集 2010 年版』財団法人流通経済研究所

注2) 大手食品卸売業の売上高・経常利益率の推移（1980 年～2007 年）については、『シリーズ流通体系＜2＞流通チャネルの再編』225 頁を参照。1995 年売上高概算は、国分 8,000 億円、雪印アクセス（現日本アクセス）6,500 億円、菱食（現三菱食品）5,950 億円。

　三菱食品の合併後の売上高と経常利益の推移を記載しておく。合併後、三菱食品の売上高は微増である。小売業各社と合併前の卸売会社との帳合はどのようになったのであろうか。

年度（単位：億円）	2011	2012	2013	2014	2015	2016
売上高	22,636[1]	23,189	23,882	23,372	23,830	24,114
経常利益	198	187	172	172	182	189

注1) 18 頁注1) 参照

37

第1章　帳合の問題提起

(2) フルチャネル化

　消費者の食の変化は、市場規模の変化に表れている。中食市場や外食市場が、内食市場に対して相対的には増加していることが注目されている。それぞれの業界には独特な商慣行やノウハウがあり、おいそれとは参入できないかもしれない。

　食品卸売業の中には、内食のデリカや外食にも重点を置いている企業がいる。確実にフルチャネル戦略に向かっている企業がいるといえる。例えば、三菱食品、日本アクセス、三井食品等は、業務用卸として、外食チェーンにも力を入れている。

　2017年度においても帳合の争奪戦は起きている。例えば、カクヤス（事業目的：酒類・食品等の飲食店および一般家庭向け販売）において、国分グループ本社の帳合500億円が、三菱食品に350億円、伊藤忠食品に150億円移っている[1]。

　売上高の増減以上に、利益の増減がどのように変わったかが眼目である。企業の内部資料でないと、取引先別の利益はわからない。一般的には、売上高が下がると、利益も下がる。小売業との取引条件次第によるが、卸売業によっては帳合がなくなった方が、売上高が下がっても、利益の面で寄与することがある。カクヤスを巡る3社は、帳合増減によって経営収支にどのような結果をもたらしているのであろうか。

注1) 出所『激流』2018年2月号72頁

38

第4節　帳合変更の原因

３．帳合変更による製・配・販への影響

(1)エリアマーケティングを考える

　メーカーがマーケティングを進める時に、１店舗の商圏単位であれ
ば、１卸売業でも可能であろう。しかし、エリア別にみると、１卸売業
で全小売業と取引することは難しく、競合店を含めたエリア単位での
マーケティング施策は難しい。

　このために、メーカーとしては、１卸売業だけでエリア別の市場動
向を見ることができない。エリア別に配荷率を確定するには、取引し
ている卸売業の小売店を合算してみる必要がある。その為には、メー
カーと卸売業のデータ開示の条件が整っていることである。

　メーカーによっては、販売会社を作って販売しており、エリアマー
ケティングの趣旨を生かすことができる。多くのメーカーでは、代理
店又は特約店である卸売業に配荷を依存している。この点が、販社制
度のメーカーと、卸売業に依存するメーカーとの配荷率の差になって
いる。また、エリア別取引店舗数のカバー率の差になる。

(2)品揃えと売り場作りをする

　小売業にしてみると、現状、カテゴリー単位に品揃えと売り場を作
るには、複数の卸売業と取引せざるを得ない。同じ食品スーパーでも、
全メーカーを１卸売業の帳合にすることと、一部のメーカーを帳合に
している複数の卸売業の取引とでは、店舗での営業活動が異なる。表
1-1(16頁)で言えば、食品スーパーマーケットであるSM①社、SM②社、
SM③社では、店舗営業活動の違いになる。

　小売業から、複数の卸売業と取引することで競争原理を働かせると
よく言われるが、自社特有の売り場を作っていくには、カテゴリー毎

39

に複数の卸売業と取引することが果たして適切なことであろうか。卸売業任せの売り場にすることは、一案ではある。しかし、チェーンストアは、商圏に住む消費者に合った個店対応の為に、競合店対策上、自社オリジナルの品揃えと売り場にしていくにはどうするのかが、判断の要である。

(3)卸売業の納品と小売業の物流センターの関係

　小売業から納品時に店別カテゴリー別仕分を求められると、卸売業は、帳合が分かれており、卸売業の個別小売業・店舗対応は厳しい。

　卸売業は帳合のある商品の範囲で、店舗別・カテゴリー別に仕分をして、単独で店舗別に納品する。卸売業毎に単独で店舗納品すると、店舗のバックヤードの狭いところで、他の卸売業分と合算して店頭補充するか、卸売業毎の納品の都度、店頭に補充する必要がある。若しくは、小売業物流センターに店舗別カテゴリー別納品すればできる。

　こうした店別納品に対応して考えられたのが、総量納品型である。卸売業が帳合に基づき、アイテム別に総量で小売業の物流センターに納品する。小売業の物流センターで、卸売業から総量納品された商品を、店舗別・カテゴリー別に仕分けをして納品する。

　当初、卸売業から総量納品の物流センターの提案がなかったのは、帳合に縛られていたためであろうか。図1-4（次頁）は、小売業A社の店舗で日用品売り場を事例にして、卸売業5社とメーカー5社の帳合関係を図解している。売場と物流が、帳合によって複雑に絡んでいるが、帳合はそのまま継続された。

<図1-4>小売業A社の日用品売場と帳合の構造

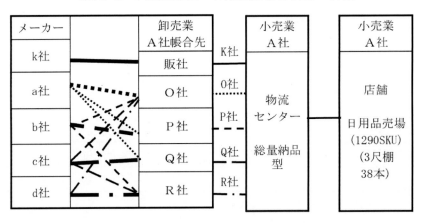

第5節　帳合対策と経営戦略

1．帳合変更の原因と対策

(1)自社努力

　帳合変更は、事例で検討したように、さまざまな原因によって引き起こされる。経営で大事なことは、自社努力ができるかどうかである。帳合変更の原因によっては、自社で対応して解決できることとそうではないこととに分かれる。自社で解決できることには、原因として挙げられた中で、「見積合せ」や「日常の経営行動」がある。これらは、自社の経営内容を充実させておくことである。そのためにも、経営戦略としてはどうするのか、予め策定して改革していくことである。表1-16（次頁）に帳合変更原因と自社努力で解決可能かを一覧にする。

第1章　帳合の問題提起

<表1-16>帳合変更原因一覧表

帳合変更原因		自社努力で解決可能か
1. 資本系列やM＆A	(1)大手小売業による小売企業の統合	卸売業の努力だけでは解決不可
	(2)小売業同士のM＆A	
	(3)商社による卸売業の系列化と、卸売業同士の合併	卸売業の戦略次第で解決可能
2. 見積合せ		卸売業の努力で解決可能
3. 取引価格		卸売業の努力だけでは困難
4. 日常の経営活動		卸売業の努力で解決可能

(2)自社努力だけではない時

　自社努力だけでは解決できないのが、「資本系列やM＆A」の一部と「取引価格」である。

①資本系列やM＆A（企業の合併・買収）

　資本系列やM＆Aは、自ら経営統合を仕掛けるか、仕掛けられるかで、経営戦略は変わる。M＆Aは企業トップの専管事項だけに、外部からわかることはまずない。経営統合は、いずれ起こすものあるいは起こされるものとして、取引先を十分に考えて、統合しても、統合されても、自ら経営戦略して準備しておくことである。

　自らM＆Aを仕掛けていくことは、経営戦略上あり得る。小売業はすでに業態化している。また、ネットビジネスも進んでいる。米国の卸売業の歴史[1]を持ち出すまでもなく、日本においても卸売業の一部は、業態化を目指したM＆Aが進んでいる。卸売業が業種卸のままで

注1）米国の卸売業の歴史は、第3章第1節（160頁以降）参照

第5節　帳合対策と経営戦略

よいはずはない。卸売業は積極的に業種を拡大し業態化していく為に、事業拡大を目指してM＆A（合併）していくことである。

②取引価格

　取引価格は、在庫の所有権移転に伴う価格である。取引がグローバル化した中で、日本の製・配・販の業界にとって、現行のままの方が居心地よいのかもしれない。

　今後どのようにするかをいずれ検討せざるを得ない。商品移転に伴い、国際貿易時の価格体系のように、どのような作業が行われるのか、その費用の負担はどちらが持つのかを厳密に策定していくやり方がある。国土交通省が発表した運賃の考え方が例の一つである。

　また、卸売業の機能を考えると、機能から見た取引料率にすることである。即ち、取引に対して手数料取引にすることである。

２．卸売業における経営戦略を創る

１）経営戦略の基盤になること

　帳合変更の事由のうち、自社努力ができるのは、「見積合せ」「日常の経営行動」「資本系列とM＆A」の一部であった。卸売業が、小売業から仕掛けられる帳合変更から抜け出して行くには、自社独自の対抗策を持つことが必要である。

　企業に売上と利益をもたらしてくれているのは、顧客、即ち、小売業である。卸売業にとって、商品の仕入と販売が粗利益の元であり、諸活動がコストの発生源である。

　個別企業として自助努力することは、次の点である。

①収益性向上の基本施策は生産性向上によるコスト削減

第1章　帳合の問題提起

　営業活動の質・スキルといった現場力の向上を図る。

　顧客の品揃えや売場及び物流の問題点、課題を認識して取り組む。

　販売・物流・管理業務を通じて顧客の要請に真摯に取り組む。

　働き方改革を通じて、生産性を向上し、コストを削減する組織体制にする。

②粗利益率若しくは粗利益額の向上

　粗利益率の向上には、商品構成を変えて、粗利益の構造を変えることである。

③これらの生産性向上と粗利益向上の施策を実現し、収益性が改善されれば、キャッシュフローも改善される。そうすれば、小売業から突きつけられるリベート率の高騰に対して、自社自らの対応が多少可能になってくる。

２）経営戦略の検討

　差別化あるいは独自性の経営戦略を検討する。各企業は、経営に対する考え方や置かれた状況が個別に違う。それだけに、各企業は、中長期的に、企業独自で、あるべき姿を目指した経営戦略を描くことが求められる。同質化した競争から抜け出すことを志向していくことが必要である。経営資源を戦略的に投下して、生き残るにはどうするのかである。企業間競争は、企業間の違いをなくす働きの圧力である。

　利益の源泉は、差別化あるいは独自化にあると考えている。そして勝ち続けるビジネスモデルを、どのように作るかにある。その基本は、商品開発にある。

　差別化あるいは独自性のある商品を開発・製造するならば、次にすることは、販売する顧客と業界を選択することである。

第5節　帳合対策と経営戦略

　強化すべき顧客はどこなのか、そして顧客に提供すべき機能（サービス）とは何か、品揃えはどうあればよいのか、卸売業の原点に戻って検討し直すことである。
(1) どこで戦うのか
　経営戦略は、業界の競争構造の中で、どこで戦うかを検討する。
①卸売業は、5フォース（5つの競争要因）[1]の力から見ても、利益の出しづらい業界の一つであり、持続的な利益は、業界の競争構造によって左右されるためである。

<図1-5>5フォースの力

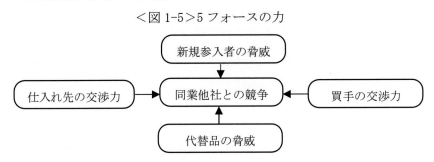

②自社の経営力を他社及び外部環境と比較してみることである。
　ＳＷＯＴ分析[2]でいう内部環境は、自社と競合企業の相対的な強み・弱み(Strengths・Weaknesses)を分析することである。外部環境としての事業機会(Opportunities)の検討と、事業脅威(Threats)に対する備えをしておくことである(表1-17次頁)。内部環境と外部環境を組み合わせたＳＷＯＴクロスを提示しておく。それは、組み合わせによって、4象限に分かれるが、それぞれに経営戦略が考えられる。

注1)『競争の戦略』M.ポーター著ダイヤモンド社 1982年
注2)A.ハンフリーが、スタンフォード大学研究プロジェクトで構築した。

第1章　帳合の問題提起

<表 1-17> ＳＷＯＴクロスと経営戦略の例

外部環境　＼　内部環境	強み((Strengths)	弱み(Weaknesses)
機会 ((Opportunities)	積極攻勢	弱点強化
脅威(Threats)	差別化	防衛

　卸売業から別の業界（例えば生産や小売業）に進出する経営戦略にするかどうかである。現在の業界に居続けるならば、(2)に進む。

(2)他社との違いを作る

　厳しい競争構造になっている業界であっても、他社との違いを作る競争優位の作り方には、①種類の違い（ポジショニング戦略）と、②程度の違い（組織能力戦略）がある。

①種類の違い／ポジショニング戦略（SP 戦略）を選択する

・企業規模の選択（全国、ローカル、限定エリア、海外等）

・品揃えの選択（消費者向け、業務用途向け等）

・チャネルの選択（小売業向け、業務用途向け等）

・マーケティング戦略として、商品の自社開発と販売、あるいはネットビジネスの取組みがある。

　いずれかで競争優位を創れないと考える時は、②に進む。

②程度の違い／組織能力戦略（オーガニゼーショナル・ケイパビリティ戦略、OC 戦略）の選択をする

・現在の卸売業の機能を事業化する。具体的には、リテールサポートの事業化である。客先である小売業の経営の質に依存するので、顧客

第５節　帳合対策と経営戦略

によっては、小売業経営の全域に亘るサポートを行う、あるいは一部の経営機能をサポートする。

３）経営戦略の４タイプ

　「競争優位」の作り方で、他社との違いを創ることや、他からの参入企業とどのように戦うかを、卸売業の経営戦略課題としてまとめておく。

(1)競争優位を築く経営戦略の４タイプ

　他社との違いを作るために、縦軸にポジショニング戦略と組織能力戦略をとる。横軸に既存の商品や機能と新しい商品や機能をとる。

　これを組み合わせると、４タイプにまとめられる（下表）。タイプ別の重点活動項目を表中に書いている。

<表1-18>卸売業の競争優位の作り方

競争優位の作り方	既存の商品や機能	新しい商品や機能
種類の違い「ポジショニング戦略」	【ポジショニング改良型】 ・企業規模の選択 ・品揃えの選択 ・売り場の選択 ・チャネルの選択 ・エリアの選択	【市場創造型】 ・マーケティングの基本である商品の自社開発 ・ネットビジネスの取り組み等
程度の違い「組織能力戦略」	【プロセス改良型】 ・リテールサポート(無償) ・自社の業務プロセス改革（営業、物流、管理）	【ビジネス創造型】 ・機能の事業化／リテールサポートの有償化 ・M&Aによる事業の総合化

47

第 1 章　帳合の問題提起

(2)マーケティングと商品開発

　卸売業が、現在の市場で戦っていくには、帳合を避けて通ることはできない。製・配・販の中で取引価格を始めとした商慣行がある。これらを超えて、企業として自ら価格設定していける主導権を持ち、自社の独自性を発揮するには、「商品開発」をする「市場創造型」である。

　その為には、企業として、マーケティング能力が問われる。第 2 章において、卸売業における「商品開発」をベースにしたマーケティングを検討する。

(3) リテールサポートの有償化

　「リテールサポート」を提案できるだけの企業力がいる。一歩進めて言えば、「機能の事業化」を図り、「ビジネス創造型」としていくことである。顧客に対して有償化できるほどのリテールサポートにすることである。物流事業は卸売業各社において身銭を切っているとはいえ、有償による事業化ができている。

(4)経営戦略と戦い方

　競争優位の各々の戦略（ポジショニング改良型、プロセス改良型、市場創造型、ビジネス創造型）について、同業や他の参入企業との戦い方、及び収益性とリスクを一覧にしておく（表 1-19 次頁）

第5節　帳合対策と経営戦略

<表 1-19>経営戦略と戦い方

競争優位の戦略		同業や他の参入企業との戦い方	収益性	リスク
ポジショニング戦略	ポジショニング改良型	品揃え等を変えて、新たな利益を創出する。競合との競争の仕方を変えて、利益を上げる。	小	小
	市場創造型	マーケティングの基本である商品開発によって、新しい商品価値を提案する。	大	大
組織能力戦略	プロセス改良型	リテールサポート（無償サービスレベル）や業務プロセス改良のように、商品や機能を活かして、新しい儲けの仕組みを創る。	中	中
	ビジネス創造型	リテールサポート機能を事業化して、新たに有償化できる機能を生み出すことである。リテールサポートという市場を創造し、競争のルールを変える。業務プロセス上の顧客や供給企業が気付いていない価値を具体化する。	大	大

出所『卸売業の経営戦略課題』尾田著 三恵社 2016 年 6 月

第 1 章　帳合の問題提起

３．経営戦略の遂行

(1) 全社合意での推進

　顧客にリベートの提示や業務の提案を行う時は、企業の意思決定機関である経営会議等に諮り、全社の経営意思及び経営戦略に基づくものにする。

(2) マーケティングとリテールサポートの開発

①マーケティングでは、商品開発が要である。第 2 章で詳論する。

②リテールサポートとしての経営能力（品揃え、売り場、一括物流、情報システム、売り場フォロー等）の正しい理解と実践を行う。第 3 章で詳論する。

(3) 全社的な組織ぐるみの対応

　企業同士の組織対応のイメージで言えば、通常は、販売担当とバイヤーの折衝という「バタフライ型」組織対応である。それよりは、全部門が販売に関わっていることをわかるために、企業双方の全部門が対応する「ダイヤモンド型」組織対応にすることである。

　また、経営者が顧客に訪問することと、顧客との取組会議等に経営者の同席を推進する。

(4) 帳合動向のトラッキング

　品揃えの一括提案・売り場作り提案・物流事業受託・店頭管理受託を通じて、帳合獲得を行う。帳合獲得計画は、販売活動が社内で見えるようにしておくことである。それによって、顧客担当者や自社のどこが課題になるか、トラッキングできるようにしておく。例としては、表 1-20（次頁）のような項目をトラッキングすることである。

50

第5節　帳合対策と経営戦略

<表1-20>企業別帳合対策

帳合対策項目		項目別ウェイト	自社スコア	他卸売比較スコア		
				A社	B社	C社
顧客特性	1. 資本関係					
	2. 決算書の分析（3期～5期）					
	3. 全社組織図					
	4. 商品部組織図					
	5. 物流部組織図とセンター					
	6. キーマンの経歴					
	7. カテゴリー別帳合メーカー					
計画	1. 生産性向上					
	2. 粗利益改善					
	3. コスト削減					
	4. 帳合計画					
販売活動	1. 商談力					
	2. 情報収集と提供					
	3. 友好信頼関係					
	4. 経営幹部訪問					
	5. 顧客との取組会議（経営者同席）					
	6. 帳合とリベート提案（経営会議了承事項）					
マーケティング	商品開発					
リテールサポート	1. 品揃え提案（カテゴリーリーダーになる）					
	2. 売場提案（同上）					
	3. 物流提案（受注・在庫・納品）					
	4. 情報システム提案（受注、代金決済等）					
	5. 売場フォロー提案					
合計						

第1章　帳合の問題提起

参考図書

『「原因と結果」の経済学－データから真実を見抜く思考法』中室、津川共著
ダイヤモンド社 2017年2月

『データ分析の力　因果関係に迫る思考法』伊藤公一朗著　光文社 2017年12
月

『ストーリーとしての競争戦略 優れた戦略の条件』楠木建著 東洋経済新報社
2010年9月

『P＆G式「勝つために戦う」戦略』A．ラフリー、R．マーチン共著 朝日
新聞出版 2013年9月

『経営戦略の基本』日本総合研究所経営戦略研究会著　日本実業出版社 2017年
5月

『シリーズ・ケースで読み解く経営学1　ゼロからの経営戦略』沼上幹著　ミ
ネルヴァ書房 2017年8月

『なぜ戦略の落とし穴にはまるのか』伊丹敬之著　日本経済新聞出版社 2018
年1月

第2章
マーケティングへのアプローチ

第2章　マーケティングへのアプローチ

第1節　マーケティング思考

1．マーケティング・フィロソフィー

　企業は、自社商品に関する様々な情報を握っていると思っている。インターネット時代になった今日、企業からも消費者からも、情報がたくさん生み出されている。ソーシャルメディア[1]が出現して、企業にとって都合のいい情報を流す時代は終わった。

　多くの企業が、真摯に商品作りをしている。一方で、有名な大企業が、商品の品質に係る基本的なことを隠蔽していたことが、2017年になって相次いで発表されている[2]。

　人々は、自ら情報を作り出し、人々に役に立つと思われる情報をネット上に公開している。企業と消費者は、情報に関する能力が同等になってきている。消費者と企業との情報の非対称性が終わろうとしている。知人からの推薦や、オンライン上の購入者の口コミに見られるように、消費者は自らが使った商品の体験談を語っている。その影響力は、テレビ等のマス媒体の比ではないといわれている。このことは「必要な商品についての情報を探している時、どの広告があなたの購買の意思決定に影響しているか」という調査結果を見ても、同様な結果が得られる[3]。

注 1) ソーシャルメディア（Social media)とは、誰もが参加できる広範的な情報発信技術を用いて、社会的相互性を通じて広がっていくように設計されたメディアである。双方向のコミュニケーションができることが特長である。
注 2) 2017年に発生した事案として、日産自動車（完成車検査不適切）、SUBARU（完成車検査不適切）、神戸製鋼所（品質検査不適合品）、三菱マテリアル（品質データ不適合品）、東レ（検査データ改ざん）等
注 3) 『LIVE！ウェブマーケティング基礎講座』大橋等共著　翔泳社 2014年3月

第1節　マーケティング思考

　企業活動を振り返ってみると、企業は、消費者に商品を教えるというマーケティングになっていた。いかにも大上段に構えたマーケティングである。メーカー発の広告が必ずしも有効とは言えなく、消費者間の口コミのほうが有効だったりする。

　通常、商品とサービスを並べて表現する。その典型が「家計調査（総務省統計局）」である。財とサービスを峻別しており、サービスへの支出が43.8％と高い。また、モノからコトへの消費変化を説明する時に使ったりする。2016年家計調査では、世帯当りの月額支出総額は242,425円であった。世帯別内訳は、二人以上の世帯が282,188円、単身世帯が158,911円である。小遣い、贈与金、他の交際費及び仕送りを除く財とサービスの支出額は、220,531円/月である。その内訳は、下表通りである。

<表2-1>家計調査2016年

財とサービス		支出月額	構成比
財	耐久財	13,000 円	5.9%
	半耐久財	18,729 円	8.5%
	非耐久財	92,102 円	41.8%
小計		123,831 円	56.2%
サービス		96,700 円	43.8%
合計		220,531 円	100.0%

財の意味
耐久財：予想耐用年数が1年以上、かつ、比較的高額なもの
半耐久財：予想耐用年数が1年以上だが、耐久財ほど高額ではないもの
非耐久財：予想耐用年数が1年未満もの

　財は、サービスを伴っているし、サービスの多くが財のサポートを必要としている。商品を財とサービスに峻別するよりは、サービスを機能として考えて、商品と商品がもたらす機能という価値を一体に考

第2章　マーケティングへのアプローチ

えてみてはどうだろうか。つまり、商品と商品がもたらす機能が消費者に役立つのは、どのような価値（便益や効用）であるかを考えてみることである。はじめにでも書いたが、セオドア・レビット（米国マーケティング学者、1925年生）が、『Marketing Myopia』で「消費者はドリルを買うのではない。ドリルで穴を開けたいからドリルを買うのだ」との主張は、まさにその点を伝えたかったのではないだろうか。

　消費者の立場に立って、商品がもたらす機能という商品の価値を考え、提案することが、消費者起点であると考えている。それが、マーケティングの原点である「マーケティング・フィロソフィー」である。

　消費者に、商品とそれがもたらす機能が選ばれてこそ、企業としての使命を果たす。企業をあげて、商品を消費者の立場で、商品を開発し、発掘し、販売しているかが肝心である。消費者が、より美しくなる、より健康になる、より便利になる等のために、商品を開発して、消費者に商品の価値を持って、感動を提供することである。

　マーケティングでよく使われる4P（Product、Price、Place、Promotion）には、だれが商品を使うかが、直接的には語られていない。消費財であれば、消費者が商品を買って、使うのであるが、4Pには消費者が表現されていない。

　卸売業の直接の得意先は、小売業であり、業務用品の販売先である。その得意先には誰が来ているだろうか。来店客という消費者である。来店客は、商品を購入し、実際に商品を使用する。

　卸売業が、消費者起点に立ち返るとは、本来のお客はだれかということを考えることである。消費者を“使う人”という視点だけではなく、消費者を“ショッパー”という視点で見ることだ。即ち、買い物を意識して買い物モードに入った状態の消費者という視点で見ること

第1節　マーケティング思考

である。米国食品製造業協会（GMA）が、ショッパーマーケティングを広めた由縁である[1]。

消費者起点は、お客が商品とその価値を愛していただけるかどうかこそが命である。したがって、商品を買って使う方々に、本当に愛される商品を、開発し、品揃えし、提供していくことが、小売業を通じて果たす卸売業の機能である。

各家庭に至る商品とその機能を、製・配・販の順に並べてみると、次のように図式化される（下図）。商品と共に、商取引（商流）やモノの流れ（物流）としての流通チャネルが重要である[2]。

<図2-1>家計[3]とモノの流れ

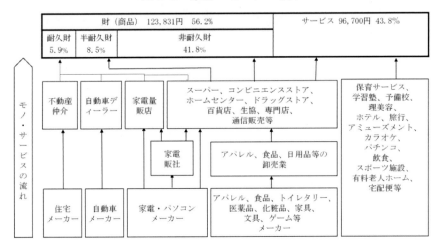

注1)「ショッパーマーケティングにボランタリーチェーンはどう取り組むか　第1回ショッパーマーケティングとは何か」流通経済研究所　山崎泰弘著『Voluntary Chain 2013.5』18頁
注2)第2章第3節流通チャネル（86頁以降）参照。
注3)家計の内訳は、表2-1(55頁)に基づく。

第2章　マーケティングへのアプローチ

２．マーケティングとは何か

１）マーケティング諸学説

　マーケティングは、米国を中心に古今東西多くの方が語っており、数多の諸説がある。代表的と思われる論説を取り上げる。

(1) ピーター・ドラッカーの定義

①マーケティングの目的は、販売を不必要なこととすることにある。マーケティングの目的は、製品あるいはサービスが顧客に適合し、独りでに売れてしまうほど十分、顧客について知識を深め、顧客を理解することにある[1]。

②事業は顧客の創造を目的とするものであるから、いかなる事業も二つの基本的機能－すなわちマーケティングと革新(イノベーション)－を持っている。マーケティングは企業独特の機能である[2]。

(2) フィリップ・コトラーの定義

　マーケティングは、交換過程を通じて、ニーズと欲求を充足させることを目指す人間活動である[3]。

(3) アメリカ・マーケティング協会

　アメリカ・マーケティング協会（AMA）の 2007 年版のマーケティング定義には次のように書かれている。

　マーケティングとは、顧客やクライアント、パートナー、さらには、広く社会一般にとって価値あるオファリングス(提供物)を創造・伝達・提供・交換するための活動とそれに関わる組織・機関、および一連の

注1)『マネジメント：課題・責任・実践』F. ドラッガー著　野田・村上監訳。
注2)『現代の経営　上巻』F. ドラッガー著　野田監訳。
注3)『マーケティング・エッセンシャルズ』F. コトラー著。

第1節　マーケティング思考

プロセスのことである。

(4) 日本マーケティング協会

　マーケティングとは、企業及び他の組織がグローバルな視野に立ち、顧客との相互理解を得ながら、公正な競争を通じて行う市場創造のための総合的活動である。

2）マーケティングの私見

　企業経営の実務でマーケティングについて考えることは、何の価値を生み出して社会に問うかという企業理念に関わることと、顧客は誰かということである。

　企業経営の実務では、商品がもたらす価値を生み出し、顧客に届けるために、組織を作る。組織は、商品を市場に出していくために、研究開発・生産・広告宣伝・販売・物流・管理等といった一連の業務プロセスに基づいて経営活動をする。

　商品とその便益・効用という価値が支持され、売上と利益が上がる。組織とその関係者に利益がもたらされ、企業の内部留保と共に、関係者への給与、利息、配当等になる。

　マーケティングは、企業理念に基づき作られた商品を、顧客に使って満足していただくために、商品とその価値を市場化していく経営活動であると考えている。その意味では、顧客の満足をもたらす商品開発が出発点である。

3）マーケティングとマーチャンダイジングの定義

　産業界によってマーケティングとマーチャンダイジングの用語の使い方には違いがある。マーケティングは、主に製造業で使われている。

59

第2章　マーケティングへのアプローチ

マーチャンダイジングは、卸・小売業界といった流通業で広く使われている[1]。いずれも、顧客を創造するために、製造から販売までの全経営過程を指していることがあり、重点の置き方によって定義が変わる。

　マーチャンダイジングは、論者によって定義や意味するところが異なっており、様々な使われ方がなされている。実務としても、いろいろな捉え方がなされているのが、マーチャンダイジングである。

　例えば、マーチャンダイジングに含まれる業務が、大きくは二つに分かれている。

　一つ目は、商品選定や仕入等に限定する場合がある。

　二つ目は、マーケティングと同様に、価格決定や広く商品化計画を含める場合がある。

　私案としては、経営実務上からマーチャンダイジングを狭義に定義している。即ち、商品選定や仕入等に限定しており、「品揃え」として説明する。

注1)『流通用語辞典』田島義博編　東洋経済新報社。用語説明中一部編集。
　　『チェーンストアのための必須単語１００１として』渥美執筆者代表日本リテイリングセンター平成10年4月

第2節　マーケティング活動

1．マーケティング戦略

1）マーケティング戦略の一般論

　企業は、企業理念である存在意義を具現化するために、経営を行っている。そこで経営戦略が考えられた。企業全体の経営戦略を構築する全社戦略と、個別事業の事業戦略がある。事業戦略の中心をなすのが、マーケティング戦略である。マーケティング戦略は、ヒト、モノ、カネ、情報といった経営資源を有機的に結びつけて、消費者に価値のある商品を提供する役割を果す。

　マーケティング戦略は、企業各部門の組織機能と関連する。企業活動の原点は、キャッシュをもたらす顧客である。顧客こそが、提案する商品の価値と、企業内の組織機能がどうあればよいかを考える時の出発点である。顧客の期待に応えて、各々の組織がその役割を最大限に果す、独自性のあるマーケティング戦略を練る。

　マーケティング戦略の立案と実行のプロセスは、3つのステップからなる。

(1)マーケティングに関わる経営環境分析を行う。

(2)セグメンテーション、ターゲティング、ポジショニングの構築

　かつてマス・マーケティング（大量生産、大量販売、大量消費）が有効に機能し、「食べられればいい」「着られればいい」という時代があった。1つの商品で市場の顧客を満足させることができた。

　今日、顧客は大きく変化した。消費者自身が、自分が欲する商品をイメージし、購買する時にセグメントされたカテゴリーの中から選択

第2章　マーケティングへのアプローチ

するようになった。企業としては、顧客が選択したいセグメントを狙う「セグメンテーション・マーケティング」になった。セグメンテーション・マーケティングでいうセグメンテーション、ターゲティング、ポジショニング（ＳＴＰ）の関連は、次の通りである。

Ｓ：セグメンテーション（市場細分化）

　市場のどの部分に焦点を当てるかで、市場をいくつかの「セグメント」に分ける。新市場や新カテゴリーの発見に繋がる。

Ｔ：ターゲティング（標的市場）

　自社が有利に戦えそうな特定部分を選び出し、それを「ターゲット」とする。

Ｐ：ポジショニング（顧客の中の位置）

　ターゲットに対して明確なブランドの「ポジション」を規定する。

(3)マーケティング・ミックスのマネジメント

　ＳＴＰで狙いを決めたマーケティング目標を達成するために、マーケティング・ミックスを、マネジメントする。マーケティング・ミックスは、４Ｐ（Product 商品、Price 価格、Place 流通、Promotion コミュニケーション）で説明される。中心にあるのが、商品である。価格は、重要なテーマであり、企業としては需要、コスト、競争という場面で検討される。商品の価値を代弁したものと考えている。流通とコミュニケーションは、商品を消費者に届けるための要素である。

　マーケティング目標を達成するために、マーケティング・ミックスである４Ｐをいかに組み合わせて消費者に商品を伝えるかである。商品戦略(Product)、価格戦略(Price)、流通戦略(Place)、コミュニケーション戦略(Promotion)を組み合わせて、実行していくことである。

第2節　マーケティング活動

マーケティング・ミックスの4つの要素を下表で説明する。

<表2-2>マーケティング・ミックス

商品戦略 (Product)	商品コンセプトに基づく商品開発こそが、価値を生み出す。商品の価値や商品開発の過程は、最初に考えることである。流通戦略、コミュニケーション戦略（品揃えや売場作り）は次に構築すべきことである。
価格戦略 (Price)	価格は、商品の価値を表示する。価格体系、価格制度、経営収支（売上高、売上原価、費用）に関わる。 価格設定を自ら行えるかどうかである。
流通戦略 (Place)	①自社組織で行うか、外部組織（代理店等）を活用するのかである。 ②外部の流通組織は、消費者と接する小売業と、消費者と直接に接しない卸売業に分かれる。
コミュニケーション戦略 (Promotion)	①広告（テレビ、ラジオ、新聞、雑誌、インターネット、看板等）
	②販売促進（消費者向け、流通向け）
	③人的販売（販売活動）
	④パブリシティ（テレビ、新聞、雑誌、インターネット等のニュースや記事）
	⑤口コミ（消費者同士のネットワークによる双方向的なコミュニケーション）

出所「新流通マーケティング入門講座」恩蔵直人著『Chain Store Age 2013/8/15』一部改修

第2章　マーケティングへのアプローチ

企業活動とマーケティング・ミックスを図で表すと、次のようになる。
<図2-2>企業活動とマーケティング・ミックス

2) マーケティングの戦略指標
(1)マーケティングのマネジメント
　マーケティング戦略を、速やかに立案・実行・評価していくには、マネジメントの仕組みを作ることである。即ち、マーケティング計画立案と予算管理、マーケティング情報システムと管理、マーケティング組織と人材育成について、仕組みの中に織り込んでおく。
　マーケティングに関連する組織及び担当者は、常にこのマーケティングのマネジメントに基づき、仕事を行うことである。肝心なことは消費者の立場でマネジメントし、商品を見ることである。
　マーケティングは、市場創造の技術、情報の技術、競争に勝つ技術と言い換えることもできる。従って、売上、マーケットシェア、利益の3つの指標を上げるための諸活動を行う。
(2)売上構成要素
　マーケティングを、売上の側面からいうと、商品の市場規模とマーケットシェアの積になる。

第２節　マーケティング活動

　売上＝商品の市場規模×マーケットシェア

①商品の市場規模とはブランド戦略
　商品の市場規模に働きかけ、商品力をいかに維持し、向上していくのが、ブランド戦略である。
　ブランド戦略は、顧客数と普及率の積で表すことができる。
　ブランド戦略＝顧客数×普及率

・顧客数は、商品が対象とする人口、世帯数、性別・年齢等になる。
・普及率を上げるために、マーケティング施策上、広告宣伝や啓蒙活動を行う。指標としては、知名率、使用経験率等である。いずれも、率を向上させることが目標になる。
②マーケットシェアとはチャネル戦略
　マーケットシェアは、チャネル戦略によることが多く、販売力の源である販売活動の店頭展開に関わる。即ち、配荷と定番やエンド展開等の施策や購買促進策次第である。
　チャネル戦略は、顧客接点数とインストアシェアの積になる。
　チャネル戦略＝顧客接点数×インストアシェア

・顧客接点数は、店舗への有効配荷が要になる。
・インストアシェアは、店舗毎の客単価と客数による。インストアシェアは、個別店管理が基本である。定番作りやエンドのアウト展開等が対象になる。

第2章 マーケティングへのアプローチ

　以上の考え方を図解したのが、下図である。「売上＝商品の市場規模×マーケットシェア」を基に、ブランド戦略やチャネル戦略といったマーケティングの活動要素が、「拡大要因」の何を挙げれば良いかを示している。

<図2-3>製配販のマーケティング活動

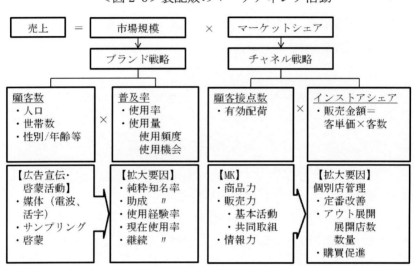

(3)マーケティング過程

　マーケティング過程は、商品開発に始まり、広告宣伝活動、啓蒙活動、店頭活動、販売後のマーケティング活動に至る。

　製・配・販のマーケティングは、消費者が小売店の店頭で商品を購入して始めて、成果が出る。

　商品と消費者を結ぶマーケティングの活動要素から見ると、広告媒体、啓蒙、店頭の三つになる（図2-4次頁）。

第2節　マーケティング活動

<図2-4>製配販のマーケティング活動要素

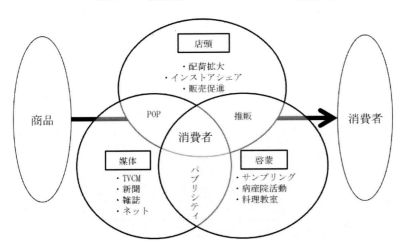

①広告宣伝活動は、テレビＣＦ、新聞、雑誌、その他の広告媒体があり、商品毎に次のことを行う。
　知名率調査：商品の存在を知っているかどうか。
　理解率調査：商品特徴を知っているかどうか。
　確信率調査：商品を購入する意図があるかどうか。
②啓蒙活動は、理解率促進が目的である。その為に、サンプリング、病産院活動、料理教室開催等を行う。
③店頭活動は、配荷拡大、販売促進、インストアシェアが要になる。
　店舗に来られる消費者が、来店客→売場通過客→売場立寄り客→購入者に至る過程で、店頭活動として何を行うのかに関わる。マーケット調査順に言えば、配荷率、定番フェイスシェア、山積み率、マーケットシェアの順に行う。
　販売活動は、上記の中の②啓蒙活動と③店頭活動が中心になる。

67

第2章　マーケティングへのアプローチ

④販売後のマーケティング活動は、購入者の追跡調査を行い、商品を使用した満足度、反復購買の意向があるかどうかを調査する。その上で、普及率を調査する。

　マーケティング過程を図式化すると、下図のようになる。横軸に、商品開発をスタートにして、広告宣伝活動、啓蒙活動、店頭活動、販売後のマーケティング活動となる。縦軸には、商品を認知させることに始まり、店頭への配荷と陳列や消費者の購買までを書いている。

<図2-5>マーケティング過程

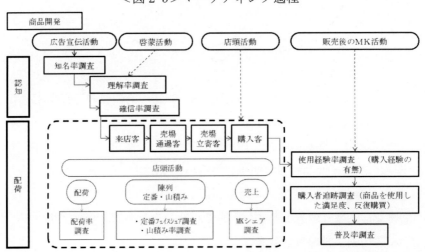

第2節　マーケティング活動

2．商品コンセプトと商品開発

1）商品開発の概要
　メーカーや流通業の商品開発は、全国の消費者に販売することが前提である。その商品開発過程、即ち、新商品のアイデアを生み、市場に発売されるまでの概要を書く（下図）。

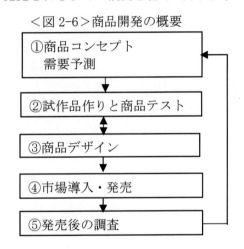

＜図2-6＞商品開発の概要

　商品開発工程の中に、商品の安全性や品質管理は触れていないが、最大限考慮することである。特に、口にする商品や肌に触れる商品では、品質や安全に注意しすぎることはない。

2）商品コンセプト
　ここでの商品開発の範囲は、新カテゴリーや新市場を開拓する新商品である。数多ある改良新発売という商品が対象ではない。
　商品開発の基本は、企業理念にある。この理念に基づき、経営戦略

第2章　マーケティングへのアプローチ

があり、商品開発がある。企業理念を基にして商品開発をするとは、消費者一人ひとりに商品の価値を伝えて、商品選択という行動を変えることである。商品開発を行うには、消費者の実態や市場の状況に関して、開発する商品のアイデアを基に情報収集や探索から始まり、観察・考察・評価を繰り返し、コンセプトを作り上げ、より良い商品に仕上げる。市場との関連で言えば、発売のタイミングが大事であるので、スピード感のあるスケジュール管理が必要である。

　商品を企画・開発する上で、基本になるのは「商品コンセプト」である。商品コンセプトは、消費者に対して、商品が与える価値（便益や効用）を表現したものである。商品の特徴を一言で表したものであり、消費者ニーズに対して商品の何をもって応えるのかを表したメッセージの根幹である。

　消費の多様化と、消費者による商品選考には、急激な変化が起きている。新商品の商品化失敗率は、50％以上といわれている。その原因は顧客ニーズの誤った理解をしていることと、多くの商品が技術的な欠陥ではなく、商品の市場が存在しなかったために失敗したのではないかと言われている[1]。更に、新商品の適切な仕様を作成することと、販売量を見極めることが困難になっている点である。

　成功している商品コンセプト[2]は、新カテゴリーや新市場を創造し、消費者に商品の価値（便益や効用）を与える。

　新カテゴリーや新市場は、消費者に新しい市場が登場したことを知

注1)『日本チェーンストア協会会報 2013No2』「消費インテリジェンスに関する懇談会報告書について（経済産業省）」13 頁
注2) 参考図書『ビジュアル図解 ヒット商品を生む！消費者心理のしくみ』梅澤伸嘉著 同文館出版 平成 22 年

らせるものである。新カテゴリーは、その商品が「何であるか」を伝える点で、商品名（ネーミング）よりも重要である。

例として、新カテゴリー「宅配便」と商品名「クロネコヤマトの宅急便」を取り上げよう。宅配という市場を構築したことが、消費者にとって新しい価値が登場したことになる。同じようなサービスに旧国鉄が運営していたチッキがある。これは、チッキ依頼者が駅までモノをもっていき、届け先の駅でモノを受領するものであった。「宅配便」は、ドア・ツー・ドア（依頼先から届け先迄）でモノが運ばれ、届けられる。消費者の便益の琴線に触れたからこそ大きく成長した。

カップ麺（新カテゴリー）とカップヌードル（商品名）も、同じことが言える。即席麺はすでに市場にあったが、調理が必要である。カップ麺は、カップに入っている麺にお湯を注ぐだけで、どこでも食べられる便利さがある。

消費者の生活ニーズの中で、いまだに充足していない新規分野や既存分野を開拓することが、商品開発の価値である。商品を開発する過程で、アイデアを思いついたら、消費者にとってどのような便益があるのかを考えてみる。便益や効用を思いついたら、どんな商品や方法でそれを達成するかを寝ても覚めても考えてみることである。

3）新市場と商品価値によるコンセプト作り

消費者に受容される商品コンセプトを開発し、そのコンセプトに従って、「商品仕様」を具体的に設計する。商品の開発を進めるに当たり、持っているシーズをニーズに転化できるだけの技術力やノウハウを持つことである。商品開発の現場や、生産現場に行き、原材料の成り立ちから商品を研究する。また、主原料の基礎を学ぶことも大事で

第2章　マーケティングへのアプローチ

ある。この地合いが、後に商品開発時に発揮される。

　商品コンセプトを表現するには、「新カテゴリー又は新市場」と
「商品独自の強み」を簡潔に印象強く訴えることである。

　消費者に受け入れられるために、商品を正しく伝える必要がある。
消費者は、広告やパッケージから短時間で「何である」「どう良い」
を判断し、魅力的だと思う商品を買う。短時間とは、一説には3秒と
いわれている。

　商品の目利きとは、商品が訴えているコンセプトを新カテゴリーや
新市場で、消費者の価値の視点から見抜く力である。

　新商品の開発には、主に二つの流れがある。

　一つ目は、新市場や新カテゴリーという商品価値の発見である。

　新市場や新カテゴリーのニーズの探索と商品価値のアイデア創出で
ある。消費者の生活空間や時間における行動をとらえ、そこからニー
ズを探し出し、分析する。企業の内部や外部からも探索する。その中
からアイデアを収集したり、創造したりする。個人でも豊かな発想で
コンセプト作りをする方がいる。

　二つ目は、技術シーズの探索である。

　企業のドメインに関わる研究開発の技術からシーズが生まれる。シー
ズは、新市場の創造と消費者の受容性の観点から検討し、試作へと
進められる。

4）商品コンセプトと使用実態調査
(1)マーケティング調査

　新商品のアイデアが創出され、あるいは、研究開発でシーズが開発
されると、想定される商品のカテゴリーの使用実態調査を行う。

第2節　マーケティング活動

　新規のカテゴリーの場合は、事前にグループ・インタビュー調査
で、使用実態調査の設計の基礎資料（使用習慣、使用方法、使用頻度
等）を掴み、マーケット・サイズを測定する。
　市場の変化に対応して行動するには、情報のアンテナを張り巡らし
て、自社がどのような競争位置にいるのか、市場はどのように変化す
るのかを、マーケティング調査して掴んでおく。
　マーケティング調査の内容は、何のために（調査の目的）、誰が（調
査者）、何について（調査の対象）、どのように（調査の方法）、ど
こから（情報源）となる。調査内容の例を下表に挙げておく。

＜表2-3＞マーケティング調査の内容

調査の目的	環境分析、新製品の開発、商品の改良 流通政策、販売計画の策定等
調査者	社内：調査企画部門、営業部門 社外：市場調査機関、広告代理店、金融機関
調査の対象	消費者（数、意識などの購入動機） 供給業者（規模、能力等）、流通業者、競争業者 技術競争
調査の方法	市場分析 市場調査(実査)：個人面接法、留置調査法、 　　　郵送調査法、電話調査法、集合法、観察法 市場実験
情報源	人：社内（営業、経理、生産等） 　　　社外（消費者、販売業者等） 文献資料：社内 　　　　　　社外（官庁、同業団体、マスメディア、 　　　　　　　調査会社等）

73

第2章　マーケティングへのアプローチ

(2)マーケティング情報

　消費者を知るには、購買行動の基本を理解するとともに、各種の調査やデータに基づき、消費者像を捉える。そのためのマーケティング情報とは何かについて3点ほど書く。

①消費者のニーズを先取りし、消費者が、何を、いつ、どこで、どのように、商品を購入するのかを知ることである。

a. 消費者研究は、各種の角度から、多くの学問とも関連して進められている。

b. 購入過程は、消費者が商品を注目してから購入するまでの経路をいう。

c. 選び方は、消費者の選択行動であり、個人的特性、文化、集団などが影響する。

②市場が現在どのような状態であるのか、競争会社の状況等を調べることである。

a. マーケティング調査は、データベース(DB)[1]を参考にしたり、実地調査をしたりする。

b. 実地調査の方法は、直接会ったり、郵便・メールや電話を利用したり、観察したりする。全数調査とサンプル調査がある。

③情報を収集・分析する。その結果を必要な人に送り、効果的に活用することである。

a. 分析するには、モデルや統計手法を活用する。

b. 活用するには、情報の流れをスムーズにするネットワーク作りが必要である。

注1)DBとは、コンピュータ等に蓄積された情報の集まりをいう。

第2節　マーケティング活動

5）需要予測

　商品開発は、コンセプトを実現し、消費者のニーズを掴むための「マーケティング調査」を行うとともに、コンセプトから「商品仕様」を創り、商品化する過程である。

　商品開発のマーケティング調査は、発売前の開発調査と発売後のフォロー調査の2つに分けることができる。発売前の開発調査では、コンセプトの需要が、予測通りか、そして、本当に売れる商品かを十分に確認する。

　商品開発は、経営諸資源の投入を行う。即ち、長期の売上予測に基づき、マーケティングや販売施策、新商品の自社内生産に伴う設備投資計画、生産の外注製作計画等に基づき投資が必要である。このために、発売前の需要予測は欠かせない。

　需要予測の事例を2つ取り上げる。

(1)需要予測 I 「ふろ水ワンダーの使用意向調査の例」[1]

A．基礎データ

　ふろ水ワンダーのケースを取り上げる。全世帯のうち、自家風呂を持つ家庭をターゲットにする。

　住民票からランダム・サンプリングした59歳以下の主婦700サンプルに対して、コンセプトを提示する調査を開始した。

　調査結果は、有効票の12.8%が継続意向を示した。

①ターゲットになる世帯数（自家風呂がある世帯）：2,912万世帯

世帯数3,600万世帯×80.9%（自家風呂がある世帯率）

②ふろ水ワンダーの使用意向を持つ世帯数：1,173万世帯

注1)『マーケティング』霞ヶ浦研修所セールススクール　1991年。一部編集

第2章　マーケティングへのアプローチ

世帯数 3,600 万世帯×32.6%（使用意向がある世帯率）

③継続使用意向を持つ世帯数：461 万世帯

世帯数 3,600 万世帯×12.8%（継続使用意向がある世帯率）

④入浴は、年間平均して 6 日に対して 2 日入浴し、沸かし直しは 2 日に 1 回とした時、1 回 1 錠を使うとして年間使用量を試算する。

継続使用意向を持つ世帯数 461 万世帯×365 日×2 日/6 日×1 回/2 日

年間の使用量：280 百万錠

⑤1 ケース 10 箱入り、1 箱 20 錠入（1 ケース 200 錠入）とする。

年間の箱数は、280 百万錠÷20 錠/箱＝14 百万箱。

Ｂ．マーケット・プランを考える。

①全国 28 万店で販売、有効配荷率 70%、各店 1 ケース（10 箱入り、200 錠入り）配荷とする。

販売店 28 万店×有効配荷率 70%×1 ケース/店

初期配荷：196 千ケース（1,960 千箱）

②テレビＣＦオンエア前テストの態度変容率が 25%、1 年間で 3000 ＧＲＰ（gross rating point）投入、1 ヶ月後の助成知名率 30%、有効配荷率 50%、トライアル率 15%とする。（GRP は、82 頁参照）

継続使用意向を持つ世帯数×助成知名率×有効配荷率×トライアル率

461 万世帯×0.3×0.5×0.15×1 箱/世帯

発売後 1 ヶ月のトライアル数：104 千箱（104 千世帯）

③卸売価格 1 箱 255 円として、発売後のセルイン、リピートを月別に計算する。

初期配荷のセルイン 1,960 千箱×255 円≒500 百万円

1 ヶ月後のトライアル数 104 千箱×255 円≒ 26 百万円

④12 ヶ月先までの売上予測を計算する。これに季節性を加味して、在

第2節 マーケティング活動

庫を加え、月別生産量と出荷量の概算を出していく。

(2)需要予測Ⅱ「三つの指標」

　経営活動の中で、商品力は商品の好意度・選好度で測定、広告力は商品の告知・認知で測定、販売力は商品を購入できるように配荷することで測定できる。この三つの指標を上げていくことである。このうち、商品力は、商品を作ることから始まり、商品を認知させ、品揃え・売り場を作ることまでに関わる。

売上は、商品の市場規模×マーケットシェアで表せる。言い換えれば売上＝(顧客数×普及率)×(顧客接点数×インストアシェア)で表せる(65頁)。

　この式に商品力を加味して、売上を三つの指標を使って計算式で表すと、次の通りとなる(図2-3, 66頁参照)。

売上＝「商品力」×「広告力」×「販売力」

売上＝商品の好意度・選好度×商品の告知・認知率×配荷率

　以上の式から、消費者の購買行動は、商品の好意度・選好度、認知率、配荷率、購入率、同一カテゴリー内の想起アイテム率、年間購入率で図ることができる。これらから需要予測として、売上高を予測してみる。年間購入者の全世帯に対する割合の計算式は、次の通りである。

認知率×配荷率×購入率×同一カテゴリー内想起アイテム率×年間購入率

年間購入者の全世帯に対する割合の計算例

認知率75％×配荷率80％×購入率60％×同一カテゴリー内想起アイテム率60％×年間購入率60％＝13％

第2章　マーケティングへのアプローチ

　この商品の年間の売上高は、次の通り。
総世帯数×1年間に買う人の率×平均購入回数×購入単価
商品の年間の売上高の計算例
49,973千世帯×1年間に買う人の率13％×平均購入回数1.3回×購入単価420円＝35億円
　以上の式を消費者の購買フローにしたのが、下図である。

<図2-7>消費者の購買フロー

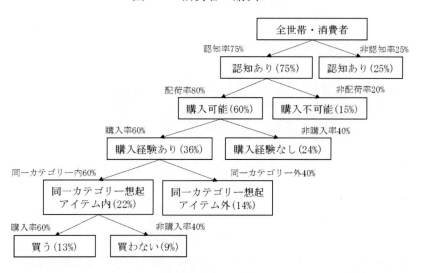

出所『確立思考の戦略論　ＵＳＪでも実証された数学マーケティングの力』森岡剛、今西聖貴著 KADOKAWA 2016年6月

　また、以上の式は、逆算に使うことができる。例えば、必要な年間売上高や年間購入者の割合などの目的となる必要数値を入れてみて、それらを実現するために必要な認知率や配荷率をどの程度目指せばよいかを逆算する。

第2節　マーケティング活動

3．商品開発の過程

(1)試作品と商品のテスト
①試作品のテスト

　商品のコンセプトやマーケティング調査データ等を基に「商品仕様」を作成する。その仕様を基に、商品の試作品が作られ、試作品のテストを実施する。何回もスクリーニングを行う。スクリーニングは、新商品開発過程において、新商品アイデアを評価し、さらに研究を進める価値があるかどうかをふるい分ける作業をいう。

　消費者に使用してもらえるレベルのものができると、試作品の使用付グループ・インタビュー調査が行われる。グループ・インタビューは、集団面接法である。面接者の司会で数名の被面接者による話し合いを行い、それを通じて消費者の購買動機を把握する方法をいう。

　事前のグループ・インタビューで、コンセプトの反応を見ることがある。一定期間使用してもらった後、事後のグループ・インタビューで、試作品の使用評価を確認する。

　試作品を通じて、コンセプトを手直しし、試作品の欠点を改良する。その都度「商品仕様」は変更され、2案あるいは3案の試作品に絞り込む。

②コンセプトの修正と商品のテスト

　試作品の完成度が高まった段階で、いくつかの案が社内での定量的な商品テストでスクリーニングされ、改良を重ねていく。

　定量的なコンセプト調査を行い、その受容性を測定し、過去の類似品のスコアと比較し、さらにコンセプトを練り上げる。

③商品テスト／モナディックテストとコンペアテスト

第2章　マーケティングへのアプローチ

　商品テストの手法は、商品評価における使用方法で分類すると、
3通りある。モナディックテストは、1種類を単独で使用する。
コンペアテストは、2種類を同時期に使用する。
プロトモナディックテストは、2種類を2期間にわたり順に使用する
（例：商品A1週間、商品B1週間）。

　この段階で、1案に絞り込まれる。対抗品があれば、対抗品とのブ
ラインド・コンペアテストをする。他社に対抗品がなければ、モナディ
ックテストを実施する。いずれのテストも対応品よりも優れるまで
行われる。

④コンセプト付き商品テスト（C/Pテスト　concept product test）

　ランダム・サンプリングによるシェア測定が可能なC/Pテストが基
本である。全くの新商品と自社にとって新分野の新商品は、売上やマ
ーケットシェアの予測調査が行われる。このテスト結果から逆算して、
売上数量、マーケットシェアを算出する。

⑤商品の生産能力を確認する。生産設備投資の立案を行う。

(2)商品デザインと広告

①商品のネーミングやデザインを行う。

②ネーミングテスト、デザインテスト

　試作品や商品テストと並行して、ネーミングテスト、デザインテス
トが行われ、発表準備が行われる。

　ネーミングテストもデザインテストも、何回もテストが繰り返さ
れ、対抗品との比較テストで、優位性が検証されるまで修正が行われ
て、最終案が絞られる。

③広告

　広告は、新聞広告、雑誌広告、ラジオCM、テレビCF、ネット等

が検討される。中心的なテレビＣＦは、絵コンテからビデオコンテの段階で、案の絞り込みが行われる。最終的には、1〜2案で完成品が作られる。

最終確認として、テレビＣＦは、定量的なオンエア前テストを行う。事前又は直後に、学生、ＯＬ、主婦等のＣＦモニターでの定性調査（情緒性、伝達性、創造性）での確認を行う。

(3)物流

商品の個装、ケース・パッケージの容積・重量・強度や、パレットの積み付けパターンを決めて、輸送テストを行う。物流センターの在庫等の所要能力の確認をしておく。

(4)市場導入・発売

発売に向けて、販売レポートの作成、サンプリングを含む各種販促物の作成が、マーケット・プランに沿って準備される。

新商品のマーケティング計画（ＣＦ作り等）、発売計画にそって実施する。

(5)発売後の調査

①発売直後

購入者店頭面接調査を行い、新商品の認知経路、ブランド・スイッチ、購入理由等を掴む。

②ＰＯＳデータ

ＰＯＳデータ購入により、日々、新商品の売上伸長状況や企業別個店別販売実績を調査する。

③発売2〜3週間後

発売2〜3週間後に、コマーシャルフィルム（ＣＦ）電話調査を行い、オンエア後の評価を確認する。

第2章　マーケティングへのアプローチ

④発売1ヶ月後

　1ヶ月後に、購入者追跡調査を実施し、使用評価、リピート購入、次回購入意向を掴む。使用評価に問題があれば、即座に、商品改良へとフィードバックする。

⑤マーケットシェア

　発売1ヶ月後にマーケットシェアがでる。

　大型新商品は発売後、累積で1000ＧＲＰ、2000ＧＲＰ、3000ＧＲＰ（gross　rating　point）の時点で、知名、特徴認識、使用率等のコミュニケーション効果測定を行う。

　ＧＲＰは、テレビＣＦを放映する前の出稿計画の検討段階では、世帯到達率（リーチ）と平均接触回数（フリクエンシー）を掛け合わせた値である。世帯到達率は複数回の放映の内1回でも見た世帯の比率である。例えば目標値1,000GRPの時、母数10,000人の集団で、リーチが5,000人（50%）、フリクエンシーが平均20回であれば達成できる（50%×20回＝1,000GRP）。

　ＧＲＰの別の見方は、視聴率（%）と出稿量（本数）を基にしたテレビＣＦの定量指標である。延べ視聴率ともいう。例：1,000GRP=平均視聴率10%×100本のCF。

⑥ベンチマーク調査

　6ヶ月に1回、ベンチマーク調査が実施され、ブランド施策のコミュニケーション効果の測定が時系列的に行われる。

　以上を概括した「マーケティング・リサーチ体系」を示しておく。

第2節　マーケティング活動

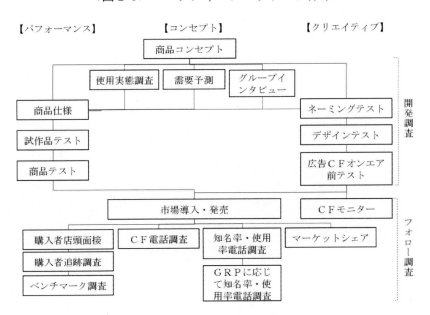

＜図2-8＞マーケティング・リサーチ体系

＜第2節　マーケティング活動のまとめ＞

(1)戦略指標

　商品開発で述べてきたマーケティングに関する戦略指標の要点は、次の計算式に代表される。

売上＝市場規模(ブランド戦略)×マーケットシェア(チャネル戦略)
売上＝(顧客数×普及率)×(顧客接点数×インストアシェア)
売上＝商品力×広告力×販売力

　マーケティング活動の戦略指標をデータ化し一覧表にする(表2-4次頁)。

第2章　マーケティングへのアプローチ

<表2-4>マーケティングの戦略指標

MKプロセス	対象	戦略指標	ウェイト	ポイント	計画値	実績値
商品開発	商品	商品の好意度・選考度 ・過去購入率 ・同一カテゴリー想起アイテム率 ・年間購入率				
	顧客Ⅰ (消費者)	人口、世帯数、 性別、 年齢、 顧客特性等				
	顧客Ⅱ (店舗)	エリア別・商圏別店舗数				
広告宣伝活動 啓蒙活動	顧客Ⅰ (消費者)	広告宣伝(媒体、サンプル等) 啓蒙活動				
		知名率調査 (純粋知名率、助成知名率)				
		理解率調査				
		確信率調査				
店頭活動	顧客Ⅰ (消費者)	来店客数				
		売場通過客数				
		売場立寄り客数				
		購入客数				
	顧客Ⅱ (店舗)	配荷率(有効配荷率)				
		陳列/定番フェイスシェア調査				
		陳列/山積み調査				
		インストアシェア調査				
販売後のフォロー	顧客Ⅰ (消費者)	普及率調査/使用経験率調査 (現在使用率、継続使用率)				
		購入者追跡調査				
	商品	マーケットシェア調査				
合計			－			

第2節　マーケティング活動

(2)組織力は必要、そして個人の思いと行動力も必要

　商品開発過程は、プランナー一人が行っているわけではない。商品開発過程は、企業内外の多部門・多人数が関わる。新商品を生み出していくのは、研究、マーケティング、調査、製造、販売、物流等の各部門や各企業のスペシャリストによって遂行される。プランナーの役割は、スペシャリストを幅広い関係の中で協同作業することにある。

　スペシャリストと多部門・多人数が関わることが、コンセプトを生み出す力を弱めたのかもしれない。

　また、マーケティングの調査手法が行き過ぎると、極端な意見や調査結果が採用されず、万人向けで平凡な商品開発になり勝ちである。

　個人による商品開発は、本人の気付きと消費者の立場で考えられ、独創性のある商品を開発することがある。

　組織と個人の葛藤を超えて始めて、新しい世界は開ける。

(3)マーケティング活動は加算行為、成果は積算行為

　消費者と商品とのコミュニケーションが成り立つのは、マーケティングの各プロセスが、遂行されていくという「加算」行為による。成果を出すために、製・配・販が逐次投入する資金は大きな額になる[1]。

　消費者が商品を購入するという成果は、諸活動の「積算」行為である。例えば、配荷をしなければ、どんなに広告宣伝をして認知率を上げても、店頭に商品がないので、消費者による購買の機会はなく、成果はゼロになる。

注1)「流通チャネルにおける販管費」93 頁参照

85

第2章　マーケティングへのアプローチ

第3節　流通チャネル

1．流通チャネル一般

1）流通チャネルとは

　流通チャネルは、メーカーから最終ユーザーに商品が渡るまでの経路である。企業は、マーケティングを進めていくにあたり、商品の特性と、ユーザー又は得意先の特性等を総合的に判断して、流通チャネルを構築する。

　流通チャネルには二つの意味がある。

　一つ目は、商取引としての商的流通（商流）である。商品の所有権の移転が行われる。

　二つ目は、物的流通である。モノの保管や輸送に関する物流である。物流は、メーカーから得意先に至る空間と時間の差を埋める。

　物流の概念は、物流→ロジスティクス→ＳＣＭへと拡大している。

<図 2-9>物流概念図

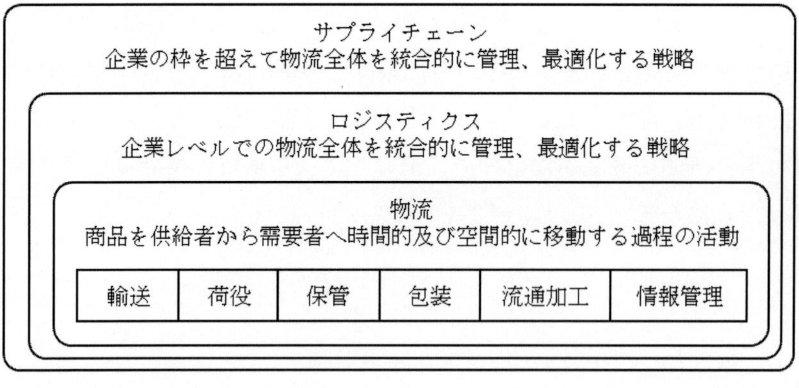

サプライチェーン 企業の枠を超えて物流全体を統合的に管理、最適化する戦略

ロジスティクス
企業レベルでの物流全体を統合的に管理、最適化する戦略

物流
商品を供給者から需要者へ時間的及び空間的に移動する過程の活動

輸送	荷役	保管	包装	流通加工	情報管理

第3節　流通チャネル

　卸売業が市場としている消費財のサプライチェーンの流れを追ってみる。消費財の流通チャネルは、多くは３段階になっている（下図）。メーカー、卸売業（元卸、二次卸）、小売業が、それぞれの役割を果して、商品が消費者の手元に届く。

<図2-10>流通チャネルの例

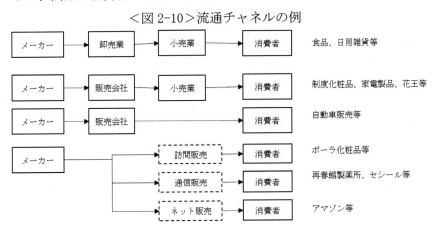

　卸売業の流通は、マーケティング・ミックス４Ｐの内、流通戦略(Place)に位置付けられる。また、コミュニケーション戦略(Promotion)で言えば、人的販売であり、卸売業は小売業に対して直接販売活動を行うことを主にしている。そのために卸売業と小売業との人的関係の強弱が、取引の規模を決めることがある。

２）流通チャネルの主たる機能
(1)販売と販売支援機能であり、売り手の商品を効率的に市場に届ける。
・販売
・物流：在庫、輸配送
・金融：売上回収、流通に必要な資金の調達と融資

第2章　マーケティングへのアプローチ

・リスク分担：流通業務遂行に伴うリスクの負担

(2)機能のプロセスとしては、市場からの情報を効率的に収集する

・調査：商品の市場での交換を計画し、実施するために情報収集・分析を行う。

・コンタクト：見込み客を探し、商談する。

・マッチング：顧客の要求に合った商品仕様を検討する。

・交渉：販売に関わる諸条件の合意作りを行う。

・プロモーション：広告や販売促進等を行う。

・アフターサービス：販売後の商品のアフターケアを行う。

3）流通チャネルの構造

(1)消費財市場

　消費財市場の流通チャネルを図式化すると、4タイプに分かれる（図2-10, 87頁）。

　　メーカー→卸売業→小売業→消費者

　　メーカー→販売会社→小売業→消費者

　　メーカー→販売会社→消費者

　　メーカー→消費者

(2)産業財市場

　産業財の市場を例示しておく（図2-11 次頁）。

第3節　流通チャネル

＜図2-11＞産業財の流通チャネルの例

(3)流通チャネル政策
①開放的流通政策
　自社商品の販売先を限定せずに、広範囲にわたるすべての販売先に対して流通させる政策である。
②選択的流通政策
　販売力や資金力、メーカーへの協力度合い、競合商品の割合、立地条件等の一定基準を用いて選定した流通業者に自社商品を優先的に販売させる政策である。
③排他的流通政策
　特定の地域や商品の販売先を代理店あるいは特約店として選定し、独占販売権を与える代わりに、競合他社商品の取り扱いを禁じる政策である。
④複数の流通政策
　消費財メーカーによっては、商品毎に流通政策を変えることがある。即ち、多くの商品は開放的流通政策を行っていても、一部の商品は選択的流通政策を選択して、取り扱いできる卸売業を選択することがある。これは卸売業の経営に与える影響が大きく、メーカーと卸売業の間で議論を呼んでいる。
　消費財の配荷を行うに当り、どの流通政策を選択するかは、商品

第2章　マーケティングへのアプローチ

のエンドユーザーを誰にするかに係る。エリアマーケティングを進めて、取り扱いを増やしたいならば、開放的流通政策、若しくは販社制度を活用することになる。

4）流通チャネルの種類
(1)販売組織
　販売組織は、自社の社員で構成される。販売先は、
①自社でユーザーに直接販売する販売組織と、
②外部の流通業者に販売する販売組織に分かれる。
(2)上記の後者である外部の流通業者に販売する場合、消費財メーカーは、①卸売業を介するか、②小売業に直接販売するかである。
①卸売業は、商品を所有するかしないかで、二つに分かれる。日本の場合は、多くの卸売業は商品を所有し、在庫している。
　A．商品を所有する卸売業
　B．商品を所有しない卸売業（ブローカー等）
②小売業を、小売業態、組織型小売業と無店舗販売の三つに分ける。
　A．小売業態としては、次のようなものがある。
　　　百貨店、GMS、スーパーマーケット（SM）、専門店、コンビニエンスストア（CVS）、ディスカウントストア（DS）、ホームセンター（HC）、ドラッグストア（Drg）
　B．組織型小売業としては、次のようなものがある。
　　　レギュラーチェーン、フランチャイズチェーン、ボランタリーチェーン、消費生活協同組合
　C．無店舗販売としては、次のようなものがある。
　　　訪問販売、移動販売、通信販売、自動販売機等

第3節　流通チャネル

２．店頭は商品と消費者の出会いの場

１）伝統的な商品と消費者の出会いの場

　伝統的な消費財の製・配・販のマーケティングにおける商品と消費者の関係は、図2-2（64頁）のとおりである。即ち、小売店頭が、商品と消費者の「出会いの場」である。

　消費財の流通チャネルにおいて、小売店の売場を構成するのは、商品である。店頭で消費者と商品とが出会うには、小売店頭の商品と、広告宣伝や販促が、シンクロナイズ（同期化）していることである。

　マーケティングの実務では、このシンクロナイズが実現されていることを求めている。即ち、消費者が広告宣伝をみて、お店に行った時に、商品が配荷され、陳列してあり、買うことを実現したい。そのために、販売活動としてやるべきことは、商品を小売店に配荷をし、商品をカテゴリー毎に品揃えをし、売場（定番とエンド）を作り、商品を陳列することである。さらに、店頭での商品の販売促進を図ることである。

<図2-12>伝統的な多段階の流通チャネル

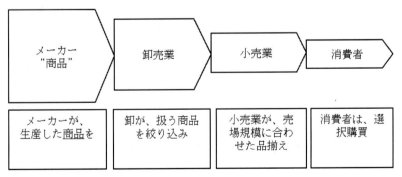

91

第2章　マーケティングへのアプローチ

２）消費財の流通チャネルの変化
①伝統的な消費財の流通チャネルは、既述の通りに、消費者が欲する商品を手にするのは小売業の売場である。
②消費者と商品が、出会う「瞬間」と「場所」が変化

　消費者は、購買し消費する時に、三つの顔を持っている。購買を意思決定する人、購買する人、実際に消費する人の三つである。紙おむつが典型である。母親が商品を選び、購入し、赤ちゃんが使用する。男性化粧品も、三つの顔が異なっていることがある。

　ネット通販が活発化してくことにより、「図2-2 企業活動とマーケティング・ミックス」（64頁）は、下図のように修正される。つまり、商品が直接的に消費者の手によって選択されるようになる。消費者は、"小売店の売場" ＋ "ネットビジネス" で、商品を直接手に入れる機会が増加している。

<図2-13>マーケティング・ミックスの修正図

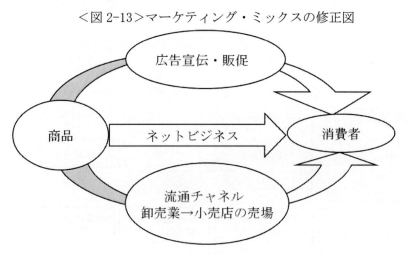

第3節　流通チャネル

3．製配販の伝統的な価格体系モデル

1）流通チャネルにおける販管費

　伝統的な流通チャネルを想定した製・配・販の価格体系をモデル化
して、製・配・販が、商品を店頭で販売するに至るチャネルを形成し
維持する販売管理費を試算する（下表と図 2-14 次頁）。

　流通チャネルに関わる販管費の売上構成比は、図 2-14 にあるように
、店頭売価に対して製造業販売費 12.6%、卸売業販管費 9.0%、小売
業販管費 23.0%である。単純に合算すると、店頭売価の 44.6%を販管
費に投入している。44.6%は、単純な合計値であるが、流通チャネル
は本当にこれでよいのかと、考えさせられる数値である。

　また、NB と PB の商品開発は、この価格体系を巡っての業態間競争
と言える。

<表 2-5>製・配・販の価格モデル値

業種		小売業の売価を100円とした時			
		原価	販管費	経常利益	価格
製造業	製造	23.7円	35.0円	6.5円	65.2円
卸売業	仕入	65.2円	9.0円	0.8円	75.0円
小売業	仕入	75.0円	23.0 円	2.0円	100円
		各業種毎の経費比率			
		原価	販管費	経常利益	売上高
製造業	製造	36.4%	53.6%	10.0%	100.0%
卸売業	仕入	87.0%	12.0%	1.0%	100.0%
小売業	仕入	75.0%	23.0%	2.0%	100.0%

第2章　マーケティングへのアプローチ

<図 2-14>製・配・販の価格モデル図（単位：円又は%）

小売業	小売仕入価格 75.0				販管費 23.0	利益 2.0
卸売業	卸仕入価格 65.2			販管費 9.0	利益 0.8	
製造業	製造原価 23.7	販管費 35.0			利益 6.5	
		MK費 9.8	販売費 12.6	管理費 12.6		

2）マーケティング費用の内訳

　消費財の店頭でのショッパー[1]の購買決定率は 70%あると調査報告されている。とすれば、販管費（マーケティング費）の内、店頭販促施策が広告宣伝施策以上に重要になる。

　メーカーのマーケティング費の内訳である広告宣伝費と販促費を分析すると、施策の費用と効果との関連からすれば、適切ではないと考えられる。

　表 2-6（次頁）は、メーカーのMK費モデルである。MK費 665 億円の内訳が、広告宣伝費 445 億円、販促費 220 億円となっている。その費用投入は有効に効いているだろうかとの疑問になる。

　長年にわたり広告宣伝費と売上高との関係については、実務では多くの疑問が呈せられていた。

　また、米国のマーケティング事例では、広告宣伝費と販促費が逆転していると聞く。

注1）ショッパーは、56 頁参照。

94

第3節　流通チャネル

　今日の分析技術水準からして、何らかの答えが出るはずである[1]。
ネットビジネスではなおのこと問題になる。

＜表2-6＞メーカーの損益計算書のMK費モデル

勘定科目			金額	構成比	参考値
売上高			4,400 億円	100.0%	65.2 円
製造原価			1,597 億円	36.3%	23.7 円
販管費		販売費	849 億円	19.3%	12.6 円
	MK費	広告宣伝費	445 億円	10.1%	9.8 円
		販促費	220 億円	5.0%	
		管理費	849 億円	19.3%	12.6 円
営業利益			440 億円	10.0%	6.5 円

注：上記表の右列「参考値」は、表2-5(93頁)の製造業の値に従う。

　消費財のマーケティングには、諸施策がある。費用トータルは、商品の研究開発・生産・販売の為に市場と顧客を見ながら、戦略的に投下する。一方、MK費の内訳になる広告宣伝費、販促費等の予算は、部門別に決めており、伝統的な組織間のバランスで投入され部門単位で費消される。マーケティング費の効果を考えるならば、マーケティング費は、経営戦略上、市場や消費者の変化応じて、効果を考えて、柔軟に投入されるべきである。

注1)『「原因と結果」の経済学－データから真実を見抜く思考法』中室、津川
共著　ダイヤモンド社 2017年2月

第2章　マーケティングへのアプローチ

4．小売業の組織と生産性

1）小売業の組織

　小売業の組織は、食品スーパーを例にとると、管理、店舗運営、商品の三本部制である（下図）。管理本部は経営の運営に関するスタッフ部門である。店舗運営本部は主に店舗を見る部門であり、店舗が各エリアブロックの下に組み込まれている。商品本部は商材毎に仕入を行っている。同時に店舗への商品供給という物流を見ている。

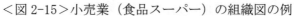

＜図2-15＞小売業（食品スーパー）の組織図の例

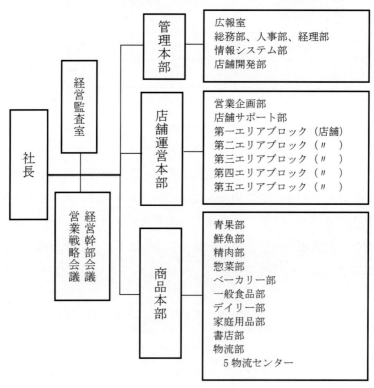

第3節　流通チャネル

２）日米の生産性の違いがなぜ起きるのか

(1)日米の生産性の違い

　日米の卸・小売業における 2013 年の労働生産性は、日本の労働生産性（GDP/人＊時間）は 3,592 円/人時、米国のそれは 5,315 円/人時であった[1]。従って、労働生産性の対米比率は 67.5％である。

　日本の労働生産性が低い要因は、労働時間というよりは、労働者数の投入量が、米国に比して相対的に多い為である。どういった業務が労働者数の投入が多いのかといえば、店内作業を注目すべきである。

(2)店舗運営のローコスト化の方法は

　店内作業を効率化して生産性を上げるために、物流技術と情報技術を駆使して、店内作業のコスト削減を図ることを検討した。店内作業の流れに沿って、どのような技術的な対応があるのかを図2-16(次頁)に示す。店内作業のＬＳＰ(ﾚｲﾊﾞｰｽｹｼﾞｭｰﾘﾝｸﾞﾌﾟﾛｸﾞﾗﾑ)ができていることが前提ではあるが、この案の実施により店内作業は 20〜30％削減できたと小売業より報告されている。報告の通りに生産性が上昇したならば、労働生産性は、4,490 円/人時〜5,131 円/人時になるので、対米比率は 84.5％〜96.5％になる。米国の労働生産性に近づいたことになる。

　この案の課題は、現状の店内作業の工程改善に踏み込んでいないことである。日本では、常識としてきた小売店舗のバック在庫を是認しており、それに伴う作業工程である。

注1）2015 年 7 月　日本政策投資銀行　地域企画部レポート「日本の非製造業の生産性低迷に関する一考察」より計算する。

第2章　マーケティングへのアプローチ

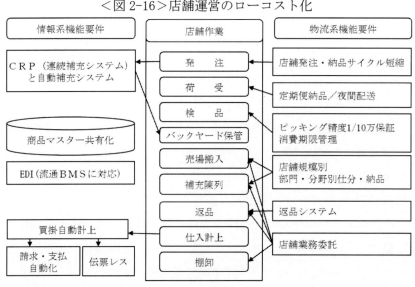

<図2-16>店舗運営のローコスト化

出所『物流エンジニアリングの温故知新』尾田著三惠社2015年12月163頁を元に作成

(3)店内作業の日米比較

　小売業の組織図(図2-15, 96頁)をみてわかることは、管理本部や商品本部の本部要員よりも、小売業の作業の多くは店舗で行われており、店舗では人を抱えている。

　店舗運営本部の中の店内作業の日米比較をしてみる。ここでは、スーパーでの補充陳列作業（荷受、バックルーム格納、品出し、ケースカット、値付け、補充陳列）を比較してみる。

　米国の事例は、ロスアンゼルス地区のラルフ(Ralph's)の標準数字を取り上げる。同社は、荷受けしてから直ちに売場に出す補充陳列方式を採用している。従って、バックルームに在庫はない。入荷商品が

第3節　流通チャネル

直ちに売場で補充陳列されることから、陳列商品の鮮度が大幅に改善される。この仕組みを運営していくには、売場における補充発注時に、補充発注した商品のカサが陳列棚の指定したフェイス内にすべて収まることをチェックしたうえで、補充発注を行うことが必要である。

ラルフにおいて他に行っていることは、次の5つである。

①スリム方式によるオーダーエントリーシステム

②ロールボックスパレット（通称カゴ車）と特装車とによる配送

③自社運営のディストリビューションセンター

④夜間・早朝に店舗の補充陳列をしている。従って、陳列は開店前に完了している。

⑤お客のショッピングを、楽に・正確に・早く・安価に（"楽・良・早・安"）を第一にしている。

　日本のスーパーは、バックルームに格納してから補充陳列する方式である。即ち、バック在庫があることで、商品の端数整理の手間発生、積直し・積み替え・整理の無駄な作業、補充発注時の二度手間作業、商品探しに追われる、特売の残品や返品の置き場になる等のロス発生の源になっている。

　日米を比較すると、米国はバックルームへの格納と、バックルームよりの取り出しがない。また、開店中の陳列作業がない。従って、「なくす改善」ができている。

　バックルームの在庫は、諸悪の根源であり、なくすように店舗発注から店舗内の在庫を含めて全工程を見直しすることである。

　日米ともに、所要人時数見積の算出根拠は同じ基準を採用し、100ケース当りの所要人時数で比較すると、次のようになる。

第2章　マーケティングへのアプローチ

　米国は、2.15人時であり、1人時当り47ケース処理をしている。

　日本は、4.06人時であり、1人時当り25ケース処理であった。

　対米比率は53.2%であり、日米補充陳列作業の生産性に明らかな
差がある。店内作業のやり方を変えない限り、日米の労働生産性の差
は埋まらないことになる（下表）。

<表2-7>日米補充陳列作業所要人時数比較

比較項目	バックルーム格納	バックルーム取出し	ケース取出し	ケースカット	値付け	陳列	人時数合計
米国	－	－	0.28	0.33	0.43	1.11	2.15
日本	0.40	0.40	0.28	0.33	0.43	2.22	4.06

出所『チェーンストアの実務原則・シリーズ　店内作業』渥美俊一編　実務教育
出版　昭和59年1月20日初版発行

注1)出所に掲載している本の発行年度は古いが、日本の店内作業の本質は今
日でも変わっていない。即ち、日本はバックヤードに在庫を抱えたままである。
米国の当時の事例は、バックルーム在庫なしの補充陳列方式の採用している。
その差が明確に出ている。
注2)表2-7に記載されている日本のバックルーム格納とバックルーム取出し
は、バックルームがよく整理された時の数値である。

5．消費者のライフスタイル

1）ライフスタイルとは何か

　ライフスタイルは、生活者特性を表す概念である。ライフスタイル
は、生活者の価値観、心理的・社会的・行動的側面によって形成され
ている。ライフスタイルとは、生活者の生活価値観に基づいて形成さ
れる生活行動体系もしくは生活のパターンや生活の仕方をいう。

　消費者の変化を、消費者のライフスタイルの視点で見てみよう。

第3節　流通チャネル

　マーケティング上、市場細分化の軸には、デモグラフィック変数と
サイコグラフィック変数がある。各々の内容は、下表の通りである。
　ライフスタイルは、サイコグラフィック変数の一つである。ライフ
スタイルは、市場細分化の時に、軸として検討され、どの消費者をター
ゲティング（標的市場）にするかを問うことである。
　サイコグラフィックは、デモグラフィックに対比される測定尺度で
ある。サイコグラフィックの代表は、「ＡＩＯ測定尺度」（attitude,
interest, opinion measure）である。ライフスタイルの測定尺度は、
サイコグラフィック変数である。

＜表2-8＞デモグラフィックとサイコグラフィック

市場細分化の軸	内容	
デモグラフィック変数	年齢、性別、学歴、所得、職業、家族構成、社会階層、居住地域、ライフステージ等	客観データ：刊行データ（例：国勢調査）
サイコグラフィック変数	ライフスタイル、パーソナリティ、生活価値観、ブランド・ロイヤルティ、興味関心、製品関与・態度	主観データ：消費者調査必要

出所『マーケティング戦略第4版』和田・恩蔵・三浦著 有斐閣71頁

2）ライフスタイルの視点の変化

(1)価値観の多様化が個人のライフスタイルや企業に影響する[次頁1]

　消費市場に大きな影響を与える3要素は、次の通りである。

①価値観の多様化

　価値観の変化は、商品選択基準に影響し、消費市場に影響する。伝

第2章　マーケティングへのアプローチ

統的な「経済優先・効率重視」の考え方の人々と、環境やサステイナ
ビリティ（持続可能性）という長期を見据えて「全体利益」を強く意
識する考え方の人々が、当面は混在する。

②可処分所得の変化

　今後、労働力不足が顕在化する中で、個々人の価値観や、事情によ
って労働条件や待遇などを個別に決めることが現実的になる。「雇用
形態」「労働条件」「待遇」等の雇用の多様化により、経済格差が拡
大する。

③家族形態の変化

　高齢者世帯や女性世帯が増える。

(2)2025年、変貌するライフスタイルの行方[2]

①消費者の価値観の多様化が、新しいライフスタイルを生み出し、新
たな需要が生まれる。新しい価値によって、稼ぐ力を生み出している。
例としてはスマートフォンによるライフスタイルの変化がある。

②企業における働き方改革、労働生産性の向上、ワークライフバラン
スの進化、女性や高齢者の活躍が、職場を活性化させる。

③2025年、団塊世代が75歳以上の後期高齢者、同じく団塊ジュニア
は50歳代になり、消費のピーク年齢を迎える。従って、量的な消費
の主人公は、団塊世代から団塊ジュニア世代へとシフトする。同時
に、若年層はコストパフォーマンスを重視した新たな消費スタイルを
形成する。

注1)出所 "Welcome to Quick Homepage Maker" ライフスタイルの多様化
注2)出所＜シリーズ＞2025年問題 「2025年、変貌するライフスタイルの行
方」柳澤大貴著（大和総研）2014年10月16日

第3節　流通チャネル

(3) 2030 年におけるライフスタイル

　世帯構成を考慮した 2030 年におけるライフスタイルに影響を与える要因は、①価値観に基づく自己実現、②経済力、③健康、④絆、⑤ライフステージの変化の 5 つである。これらを基にして、ライフスタイルに与える影響を「これまで」と「これから」に分けて比較する（下表）。

<表 2-9> 5 つの要因がライフスタイルに与える影響

これまで	これから（2030 年を目途）
女性は結婚前提の人生設計が当然だった。 　結婚もしくは子育てで仕事を辞めたり、キャリアをセーブしたりするのが当たり前だった。	男女ともキャリアの設計と家族は切り離して考えるようになる。 　それをサポートする体制が充実していくだろう。 　自分主体の人生設計で、結婚も子育ても一つの通過点ということが一般的になるだろう。
「共働き・子育て世帯」では、家事も育児も母への負担が大きい。 　それは家族内部の問題であり、自己責任で対応すべき問題とされた。	イクメンが増え、子育てを夫婦二人で行うことが当然となるだろう。 　地域社会・コミュニティが、あらゆる面で子育てを分担して、共働きをしやすい社会になっていくだろう。
「普通に就職（正規雇用）し結婚したい」けれど、普通になれないことが社会問題だった。	学歴に関係なく、普通に結婚や就職のできない若者や中年が今後ますます増え、それが当たり前の状況になっていくであろう。
人生プランを考えずに結婚・就職をしても、一応満足できる生活水準を	何もしなければ生活水準が下がっていくことが普通と受け止める人が増えるだろう。

第2章　マーケティングへのアプローチ

| 維持できた。 | 現在の水準で人並みの生活ができなくとも特に対応行動はとらず、安物買いなどでしのいでいこうとする人が増えるだろう。 |

出所「世帯構成を考慮したライフスタイルの変化」金森有子著 国立研究開発法人国立環境研究所ニュース 2013 年度 32 巻 6 号

3）ライフスタイル分析のスーパーマーケット事例[1]
(1)問題意識

　小売業の業態別買物実績（2015 年、前年比、下表）を比較すると、スーパーマーケット（SM）は、買物金額が前年並みで他業態とほぼ同じである。しかし、他の業態に比較して利用回数が前年割れをしている。データが示すスーパーマーケットでは、どういった客層が減少しているのか、客層の中でどこを狙うべきなのかである。

<表 2-10>業態別買物実績

比較項目	SM	CVS	ドラッグ
買物金額	100.1%	103.6%	100.5%
レシート単価	101.5%	100.1%	99.0%
利用回数	98.8%	103.3%	101.8%

(2)SMの重要なお客とはだれかを生活者の価値観から探索

　仮説は、価値観が多様化していれば買物行動も異なるはずである。

注 1)出所『食品商業 2016/6』p. 121〜125 インテージマイクロ/マスターマーケティング推進室/増田純也氏

104

第3節　流通チャネル

従って、デモグラフィック属性[1]である性別、年代等だけでお客を理解することは難しい。サイコグラフィック属性[1]からのアプローチが必要である。

①ＳＣＩ[2]モニターにアンケート調査をする

お客を、価値観を切り口として、価値観スコア（10分野79個の価値観項目）を付与して分析する。

10分野とは、食、買物、健康、支出傾向、調理、情報、掃除、パーソナリティ、生き方・暮らし方、人付き合いである。

79個の価値観は、食で言えば11項目設けており、食生活コントロール、栄養バランス、健康増進、話題・流行、安全・安心、鮮度・旬・産地、食通、食好き、食卓、節約、簡便に食事である。他の価値観の項目数は、買物(16)、健康(6)、支出傾向(9)、調理(8)、情報(4)、掃除(6)、パーソナリティ(7)、生き方・暮らし方(7)、人付き合い(5)である。

②ＳＣＩモニターをショッパーセグメントに分類する

傾向が似ている人達を10タイプのショッパーセグメントに分類する。縦軸に、高付加価値志向⇔低価格志向、横軸に、自己志向⇔他者志向（主に家族）としてポジショニングする（表2-11次頁）。

・高付加価値志向・自己志向には、3ショッパーセグメントがある。
・高付加価値志向・他者志向には、2ショッパーセグメントがある。
・低価格志向・自己志向には、1ショッパーセグメントがある。
・低価格志向・他者志向には、4ショッパーセグメントがある。

注1) デモグラフィック属性やサイコグラフィック属性は本書101頁参照。
注2)SCI（全国消費者パネル調査）を活用して調査。SCIは全国15～69歳の男女5万人の生活者から日々買物行動を収集したパネルデータ。

105

第 2 章　マーケティングへのアプローチ

<表 2-11>ショッパーセグメント

ショッパーセグメント	自己志向	他者志向（主に家族）
高付加価値志向	自分ご褒美(17.4 万円/年) ★自分簡便(14.9 万円/年) 個性演出(13.1 万円/年)	安全安心(25.2 万円/年) ★本格派(22.4 万円/年)
低価格志向	安物買い(15.7 万円/年)	★健康シニア(28.9 万円/年) ★健康ファミリー(28.2 万円/年) 家族やりくり(26.0 万円/年) らくらく家族(17.5 万円/年)

注1.（ ）内は、年間の 1 人当り買い物金額。
注2. ★印は、売上構成比 50％以上のショッパーセグメント

③ショッパーセグメント別に買物金額と利用者人数を集計
　健康シニア、健康ファミリー、本格派、自分簡便の 4 ショッパーセグメントで、売上構成比の 50％以上を占めている。この 4 つが売上全体に大きな影響を与える(表 2-11 中の★印)。
④ショッパーセグメント別 1 人当りの買物金額と利用回数を見る
　1 人当りの買物金額は、健康シニアが 28.9 万円/年と健康ファミリーが 28.2 万円/年であり、この 2 つのショッパーセグメントが他のショッパーセグメントよりも高い。2 つのショッパーセグメントの利用者は、売上構成比が高く、1 人当り買物金額も高く、利用回数は年間 150 回以上（週 3 回）である。ＳＭにとって重要な客である。
(3)健康に関心がある健康シニアと健康ファミリーの価値観
　健康シニアと健康ファミリーを価値観と購買行動の 2 つの側面から深堀する。
①健康シニアと健康ファミリーに付与している健康セグメントの価値観スコアを比較すると、健康という共通項はあるが、健康に対する価

値観が異なっている。

②健康セグメントのカテゴリー買物金額を、健康シニアと健康ファミリーのリフト値で比較する。リフト値とは、施策の効果検証やセグメントの特徴を把握する際に用いる指標である。

　健康に関連するカテゴリーにおいて健康シニアは健康ファミリーよりもリフト値が高く、健康関連食品への支出傾向が高い。同じ健康セグメントであっても購入カテゴリーに特徴ある差異が表れている。

③カテゴリーレベルから商品レベルの特徴にまで踏み込むために、商品別のリフト値を算出し比較する。

　リフト値の例を挙げれば、健康ファミリーは脂肪分ゼロの商品を購入する傾向が強い。健康シニアは高機能商品であるプロバイオティクス商品（人体に良い働きをしてくれる細菌を含んだ商品）を購入する傾向が強い。

(4)健康セグメントへのアプローチ

　お客の価値観を理解して、購買行動と合わせてみることで、利用目的や利用シーンのイメージがつきやすい。利用目的や利用シーンがイメージできれば、それに沿ったアプローチや提案ができる等の施策になりやすい。

　「誰に、何を、どのタイミングで、どう届けるべきか」を考える。「誰に」とは、ＳＭにとり最重要なお客は、健康シニアや健康ファミリーといった健康セグメントのお客である。

「何を」とは、商品に関する理解が必要で、例えば栄養バランスへの関心が高いかどうかを調べることである。

「どのタイミングで」「どう届けるべきか」とは、狙いたいシーンがあり、どういうストーリーを展開するかということである。

第2章　マーケティングへのアプローチ

(5)事例のまとめ

　ＳＭの買い物実績を他の業態と比較して問題提起をしている。ＳＭの売上分析を、来店客の価値観が反映するサイコグラフィック属性からアプローチしている。お客価値分析の調査から健康志向の客が重要である。ＳＭにとって、売上面でも日頃の店舗活動でも大切なお客は、健康シニアと健康ファミリーである。ＳＭ各社は健康志向客への利用機会の提案ができているだろうか。

第4節　ネット通販

1．ネット通販とマーケティング

1）マーケティング概観

　魚を海で獲ることを例にしてマーケティングをまとめてみる。

・魚の餌は何か・・・・・どのような商品で顧客を得ようとしているのか(商品開発)

・どの魚を釣るのか・・・顧客は誰であるのか（客層の設定）

・魚はどこにいるのか・・顧客はどこに住んでいてどこから来るのか

・魚はどのような種類か・顧客はどのようなタイプか

・釣り具は・・・・・・・どのような店舗で購入するのか（流通チャネル）

・撒き餌は・・・・・・・広告や販促はどうするのか（コミュニケーション）

・釣り方は・・・・・・・どのようなプレゼンテーションをするのか

108

第4節　ネット通販

　設問に従っていえば、マーケティングの歴史にはいろいろな方法がある。順を追って書くと次のようになる。今日のマーケティングでは、一人ひとりの消費者という個へのアプローチが課題になる。

①大量生産・大量宣伝・大量販売・大量消費

　広告的な発想で、大きな網を魚の居そうな場所に投げて釣るやり方である。

②セグメンテーション・ターゲティング・ポジショニング

　魚群探知機によって、魚種・回遊パターン・潮目を定量的に知って魚が食いつきそうな餌を投げて、釣るやり方である。魚種等を区切ることがセグメンテーション、その内のある区切りを選ぶことがターゲティング、その区切りに対して攻めるのがポジショニングである。

③個へのアプローチ

　大海のすべての魚の行動や生息域を丸ごとビッグデータ化して解明する。テキストマイニングの技術を使って、膨大な量の定量・定性データから魚釣りのヒントを発見する。狙いを定めた魚を銛で突くことに例えられる。

　データをベースにして、個を狙うカスタマイズ・マーケティングに変わる。ネット通販でみられるマーケティングがよい例である。

④新市場の開拓

　魚にとって居心地がよい場所、例えばサンゴ礁のような魚がい続ける場所を提供するやり方や養殖がある。戦略で言えば、ブルーオーシャン戦略である。

2）消費者の行動パターンと蓄積されるデータの流れ

　従来、顧客心理は AIDMA（attention, interest, desire, memory,

第2章　マーケティングへのアプローチ

action)で説明された。Web サイトでは、消費者の行動プロセスに従って、消費者のあらゆるデータが蓄積される。「気づき・興味・検索・体験・購入・共有」のデータである(略称 AISAS)。Web サイトとリアル店舗での消費者の行動を比較したのが下表である。Web サイトは消費者の行動プロセスに合わせて、サイトを作り替えたり、適切な広告を修正したりすることができる。従来、商品開発するには、サンプル調査にならざるを得なかった。これに対して、消費者の行動プロセスや商品の購買動向といったデータをつぶさに分析することが可能になった。デジタル化されることでより合理的なマーケティングが可能になる。分析結果を評価する時には、マーケティング活動の中にＡＩ (artificial intelligence)を構築することによって、消費者を個人別に傾向を分析し、購買提案が可能である。マーケッターの経験や勘といった世界からデータという証拠を揃えて説明することができる。しかも個々の消費者（個客）に迫ることができ、カスタマイズ・マーケティングが可能になる。データをリアルタイムに把握できるので、即時・その場でコミュニケーションができるようになってきた。

<図 2-17>Web サイトでの消費者行動とデータの流れ

顧客の行動順	Attention 気づき	Interest 興味	Search 検索	Experience 体験	Action 購入	Share 共有
Web サイト	ページビュー バナー広告	ブックマーク アクセス回数 アクセス履歴 運動広告	検索キーワード キーワード 連動広告	体験記 相互コミュニケーション 口コミ（ブログ他）	購入 ECサイト アフィリエイト 価格比較サイト 専門サイト カタログサイト 百貨店サイト	口コミ記入 ポイント CGM(Consumer Generated Media)
リアル店舗	テレビ 雑誌 街頭広告	記憶 メモ	ウィンドウショッピング カタログ	テスター 店員との会話	購入	友人との会話

第4節　ネット通販

2．ネット通販の流通チャネル

1）消費者の購買先を考える
①伝統的な流通チャネルへの疑問
　消費者にとって、業態や購買するチャネルは、重要なことであろうか。製配販の伝統的なマーケティング活動と、ネット通販の違いは、マーケティング上、商品の流通経路にある。流通経路の違いは、製配販の各企業の経営資源投入の再構築を迫る。

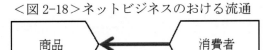
＜図2-18＞ネットビジネスのおける流通

②オムニチャネル[1]
　購買機会であるリアル店舗とネット通販とがシームレス化して、オムニチャネル化している。オムニチャネル化することで、消費者は次のような考えや行動が取れるようになる。
・消費者は、全てのメディアや通信販売による商品情報と、あらゆるチャネルをその時々で選択できる。
・消費者は、購買の機会として、いつでもどこでも買い物ができる。
・商品の入手は、好きな時に好きな場所で、受け取ったり、届けてもらったりできる。
　従って、オムニチャネルは、消費者のチャネル・プラットホームになる。

注1）オムニ(Omni)とは、ラテン語で、すべての、全という意味である。

第2章　マーケティングへのアプローチ

<図2-19>オムニチャネルへの道[1]

	シングル チャネル	マルチ チャネル	クロス チャネル	オムニ チャネル
顧客接点	単一接点	複数接点 個別に	複数接点 クロス	シームレス
小売業側 の対応	単一の販売 チャネル のみ用意	複数の販売 チャネルを 用意	チャネル横 断の顧客管 理の実現	チャネル横断型 の商品・顧客 （購買履歴）・ 販促管理を行う

２）オムニチャネルが進行するとリアル店舗はどうなるか。

　現在、オンライン販売専業者は、店舗を持たないためにコスト競争力があり、自宅まで商品を届ける物流サービスに優位性がある。

　今後、オムニチャネルの進展により、リアル店舗は、オンライン販売専業者に対して、「顧客情報」を掴むことで、二つの優位性を手にする可能性がある。

　一つ目は、リアル店舗はより良いサービスを提供できる。例えば自宅への配送のみならず店舗での受け渡しという選択肢を提供できる。

　二つ目は、リアル店舗は店舗販売とオンライン販売、カタログ販売等にまたがる顧客のすべての情報（閲覧履歴、購買履歴、趣味嗜好等）をシームレスに手に入れられる。したがって、小売業の経営活動の中心に顧客を置いて、顧客のパーソナル化を図ることができる。

1)の出所『2015年版物流・情報機器システム総合カタログ集』「オムにチャネルの本質は「顧客志向」を編集。元出典：NRF Mobile Retail INITIATIVE,「Mobile Retailing Blueprint V2.0.0」

第 4 節　ネット通販

３）ネット通販をライフスタイルの視点から見る

　消費者は、欲しい商品を"クリック"一つで、入手可能である。購買するための時間と空間を一気に短縮化できる。消費者にとって、優しい購買手段になり得る。例えば、買い物難民の解消に繋がる。

　しかし、商品選択の自由に悩むことになる。多くの商品がサイトに掲載されていることは、多くの商品から選択できる自由があってよさそうである。ところが、大海の中の砂粒を探すようになり、かえって選択の自由に悩む。一方で、寿司屋のメニューがなぜ松竹梅なのかである。発注する時の人の心理を読んだ、選択のやりやすさにある。

　2017 年ノーベル経済学賞は、行動経済学を教えるリチャード・セイラー教授が受賞した。行動経済学では次のように言っている。「現実の人間は、感情に支配され、間違いを犯すこともある。限定的な合理性しか持ち合わないのであって、それを考慮して経済学を作り直す」[1]

４）マーケティング指標にネットマーケティング指標を追加

　すでに体験的なマーケティングの戦略指標を表 2-4(84 頁)で取り上げている。ここでは、ジェフリー著『データ・ドリブン・マーケティング』を見てみよう。伝統的なマーケティング指標に加えて、ネットマーケティングの指標（新世代ＭＫ指標）がある（表 2-12 次頁）。

　その表には、クリック単価、トランザクションコンバージョン率、広告費用対効果、直帰率、口コミ増幅係数の５つが掲載されている。

注1)『かくて行動経済学は生まれり』M. ルイス著　文芸春秋 2017 年 7 月

第2章　マーケティングへのアプローチ

＜表2-12＞マーケティング指標

	NO	マーケティング指標	説明
伝統的なマーケティング指標	1	ブランド認知率	商品やサービスの想起。
	2	試乗（お試し）	購入前の顧客による商品のお試し使用。
	3	解約（離反）率	既存顧客の中で、一定期間の間に自社の商品やサービスの購買を中止する人の割合。1年、90日、30日といった単位で策定される。
	4	顧客満足度 （CSAT: Customer Satisfaction）	「友人や同僚に、この商品（サービス）を勧めたいと思いますか？」という質問を通じて測定される顧客満足度。
	5	オファー応諾率	マーケティング上のオファーに応じる顧客の比率。 オファー応諾数÷オファー送付数
	6	利益	売上高－費用
	7	正味現在価値 （NPV: Net Present Value）	NPV= 現在価値(PV)－費用
	8	内部収益率 （IRR: Internal Rate of Return）	キャンペーンや施策を実施する場合の投資利回り。
	9	投資回収期間	マーケティング施策に投じた累計支出と同額の累計利益を稼ぐまでにかかる期間。
	10	顧客生涯価値 （CLTV: Customer Lifetime Value）	顧客が将来にわたってもたらす価値。
新世代MK指標	11	クリック単価 （CPC: Cost per Click）	リスティング広告またはディスプレイ広告のクリック単価。
	12	トランザクションコンバージョン率 （TCR: Transaction Conversion Rate）	広告をクリックしてウェブサイトに遷移したユーザーが商品を購入した割合。
	13	広告費用対効果 （ROAS: Return on Ad	収益÷費用

第4節　ネット通販

14	Dollars Spent）	
14	直帰率	滞在5秒未満で離脱してしまうユーザーの割合。
15	口コミ増幅係数 （WOM: Word of Mouth、ソーシャルメディア・リーチ）	口コミ増幅係数＝（ダイレクトクリックの数＋友人へのシェアから発生したクリックの数）÷ダイレクトクリックの数

出所『データ・ドリブン・マーケティング』マーク・ジェフリー著 ダイヤモンド社 2017
年4月

3．最近のマーケティング

1）最近の動向

　IoTの利活用にみられるように、自動車、工場機器、医療機器等
といったさまざまなモノがインターネットに接続されていく。これに
よって、莫大なデータが蓄積され、ビッグデータと称せられている。
ビッグデータを使って、AIが進化している。そうした中で、データ
駆動型(data driven)経営[1]が言われている。それは企業の意思決定の
際に直感や経験だけに頼らず、データに基づいて行うことである。従
来は、後ろ向き連鎖と言われ、仮説から出発し、データを参照して、
それに合うデータがあるかどうかを調べることであった。データ駆動
型は、コンピュータサイエンスにおける前向き連鎖に対応している。
まず、データを見る、それが適用できる法則やルールを調べていく方
法である。データ駆動型の利点は、新たなデータが得られると新たな
推論が開始されるため、状況の変動に対応しやすいことである。

注1)「データ駆動型経営はパラダイムの転換だ」野口悠紀雄著週刊ダイヤモ
ンド 18/03/31

第2章　マーケティングへのアプローチ

　マーケティングにおいても様々な活用が考えられている。顧客動向を分析することでも、対象とする範囲が格段に広がった。サンプル調査ではなく、顧客すべてをデータ分析することが可能になった。また、顧客を個々に掘り下げたデータ分析が可能である。分析の仕方によっては、相関分析や回帰分析に留まらずに、様々な経営意思決定支援システム[1]を活用できる。

　デジタルマーケティングと経営戦略の距離が縮まってきた結果、自社にITエンジニアを抱え、ID-POSなどのマーケティングツールの内製化にこだわる企業が増えてきた。自社の事業に合った仕組みを早く、低コストで構築するという内製化は、事業戦略上、重要な切り札になる。

2）MAとABM

(1)　マーケティングオートメーション（MA）の概要

　マーケティング活動をデジタルテクノロジーで自動化することが進められている。そのための機能がオールインワンでパッケージされたツールがMAである[2]。様々な施策で獲得した見込み客（リード）の情報を一元管理する。一人ひとりの状態をスコア化し、選別する。

注1)参考図書『ビジネス意思決定－理論とケースで決断力を鍛える』大林厚臣著 ダイヤモンド社 2014 年 11 月、
『わかりやすい意思決定入門－基本からファジイ理論まで－』木下栄蔵著 近代科学社 2015 年 2 月、
『すべての意思決定のため経営情報システム概論』一瀬益夫著 同友館 2016 年 6 月
注2)『マーケティングオートメーション入門～1 人のマーケッターで 10 万人の見込み客を育成する～』電通イーマーケティングワン著 日経ＢＰ社 2015 年 7 月

116

具体的には、リードジェネレーション（見込み客情報の収集・獲得）、データマネジメント（見込み客データの管理）、ナーチャリング（啓蒙・育成）、リード・クオリフィケーション（見込み客の絞り込み）し、消費者一人ひとりに対応した販促活動の One to One マーケティングを実現する。

One to One コミュニケーションを実現するMAは、さまざまな業種や商材に対して導入が進みつつある。例えば、製品導入の際に、企業内で合理的な意思決定が行われるB2B商材全般である。また、不動産・マンション、自動車、金融・保険商品、人材派遣などのB2C商材である。

(2) MAの発展

①MAの適用範囲が広がる

MAは、営業活動の見込み客（リード）管理の自動実行のために発展してきたツールである。それがCRM(customer relationship management)へと進化している。例としては、購買後の既存客への新商品のレコメンドといった購買促進である。また、IoTで取得した住宅内設備の利用状況に応じて、メンテナンス情報を送る顧客サービスの高度化への利用である。

②周辺マーケティングテクノロジーとの連携

従来、顧客接点として、自社メディア（メール、自社サイト、プッシュ通知等）が主流であった。最近、外部チャネルの活用が進みつつある。

一つ目は、広告配信のDSP(demand side platform)や、Google AdWords と連携し、外部サイトに広告を出すことである。

二つ目は、Facebook 等のSNSにピンポイントで広告を表示する

第2章　マーケティングへのアプローチ

ことが進みつつある。

　三つ目は、インターネットユーザーの属性や興味分野などの情報を提供するDMP（data management platform）と連携することである。見込み客（リード）の情報を肉付けし、より適切なコミュニケーションを実現できるようにすること等である。

(3)アカウント・ベースド・マーケティング（ABM）

　MSの問題は、マーケティング部門が作った案件を販売部門が無視することが多いことである。その改善に最も効果的であったのがABMである。MAをプラットフォームにしたデマンドジェネレーション（販売部門へ渡す見込み案件の創出・発掘活動全般のこと）の進化形である。最初から販売部門とマーケティング部門が訪問とする顧客や企業を絞って構築されているからこそ、案件が無視されるということが発生しにくくなっている[1]。

3）従来のマーケティングとの関連

　マーケティングを社内のデータベースに基づいて実践してきた。考え方としてデータ駆動型経営を目指していた。今日開発されているMAやABMの情報ツールあるいはパッケージ化されているソフトを使うと、関係各部ともっと的確に行えるようになる。

(1)帳合維持・獲得戦略

　「企業別帳合対策」（表 1-20, 51 頁）に書かれている項目と、それの関連項目を広げることができる。販売部門の問題としてではなく、全社的に取り組みにすることができ、トラッキングができる。

注 1)『究極のBtoBマーケティングABM』庭山著日経BP社 2016 年 12 月

第4節　ネット通販

(2)マーケティングの戦略指標

　マーケティングに関して、「マーケティングの戦略指標」（表2-4,84頁）に基づき、関係各部が商品開発にもっと力を入れることができるようになる。

(3)ネット通販の顧客管理

　「Webサイトでの消費者行動とデータの流れ」（図2-17, 110頁）で書いている項目に関して、サイトを閲覧してきた消費者の行動を逐一データ化していく。これによって、リードジェネレーション、データマネジメント、ナーチャリング、リード・クオリフィケーションしていくことができる。結果として、「マーケティング指標」（表2-12, 114頁）の内、新世代MK指標に書かれている項目が変わっていく。

4）MAやABMに関連するマーケティングの図書

　最近取り上げられているマーケティングに関する用語及びそれに関連する書籍を掲載する。

①デザインシンキング

　常に生活者起点で発想するために、優秀なデザイナーやクリエイティブな経営者の思考法をまねることで、新しい発想を生み出そうとする手法である。

『ビジネスの課題を創造的に解決するデザインシンキング入門』日経デザイン編集　日経BP社2016年8月

④データマネジメントプラットフォーム（DMP）

　様々なデータを集めて分析することで、企業が自社の顧客の像を明確に把握するためのシステムである。その顧客像に基づいて、インターネット広告の出稿を最適化する機能などを備えるものが多い。

119

第2章　マーケティングへのアプローチ

マーケティング効果の向上だけでなく、顧客インサイトを明確にして
商品開発などに生かせる。
『顧客を知るためのデータマネジメントプラットフォームDMP入門』
横山・菅原・草野共著　インプレスR&D　2013年5月
③データ・ドリブン・マーケティング
　商品の売れ筋や顧客の行動パターンを、これまでのようにマーケッ
ターの経験に基づく勘ではなく、データに重きを置いて分析を行い、
より合理的なマーケティングのPDCAサイクルを確立する手法で
ある。
『スマートデータ・イノベーション』中西著　翔泳社2015年2月
④リアル行動ターゲティング
　データを次のアクションに使うことこそ価値がある。リアル行動を
分析することには新たな可能性がたくさんある。従来のターゲティン
グ手法に縛られることなく、新たなターゲットを発見して広げるター
ゲットを志向する。ネット上の検索や閲覧行動のデータだけではなく、
位置情報など、消費者のリアルな場での行動データなどを統合する。
『リアル行動ターゲティング』横山・楳田共著　日経BP社 2015年
12月

4)の出所『最新マーケティングの教科書2017』日経デジタルマーケティング
特別編集版、広告に関する最近のテキストも掲載されている。

120

第4節　ネット通販

４．ユーザーによる商品開発

１）メーカーの商品開発への疑問

　商品開発を行うのは企業だけだろうか。「社内専門家の精鋭部隊」と「社外の素人消費者集団」を比較した時に、どちらが商品革新で良い成果を出すことができるだろうか。

　消費財企業の開発担当者の意識は、次のようであろう。「メーカーは、商品の専門家であり、消費者は素人だ。消費者は目の前に商品があれば、改良案ぐらいはいえるかもしれないが、全くゼロの状態から画期的アイデアを思いつくほどの想像力は持っていない。専門家が素人に負けるはずがない」[1]

　消費者が画期的商品を生み出すものはないという企業の声は、革新的な消費者に出会う機会をこれまで逸していたのではないだろうか。「商品コンセプト」の項で述べたように、新市場や新カテゴリーは身近な問題を突き詰めていくとたどり着けることがある。この点は、むしろ個人の方が向いている。企業は、消費者が新商品の重要な開発者であること、又は、開発者になることを認識する必要がある。

２）商品開発の今後の在り方
(1)単線ルートと複線ルート

　現状の商品開発は、企業による単線ルートであり、企業の商品開発から消費者へと普及している。これに加えて、新たな発生と普及する複線ルートがある。即ち、ユーザー（例：消費者）による商品開発が

注1)『ユーザーイノベーション』小川進著 東洋経済新報社 2013年10月

第2章　マーケティングへのアプローチ

起きて、他のユーザーに普及することである。その市場に企業が参入してくることがある。

(2)商品開発に必要な情報

　商品開発に必要とされる情報の中で、もっとも重要な情報は、顧客の選考と要求に関する信頼できるタイムリーな情報である。

①伝統的な市場調査は、既述の通りであるが下記に示す。

・グループ・インタビュー

・テストマーケティング

・コンセプトテスト等

②1990年代以降インターネットの普及に伴う市場調査のやり方は、次のような例がある。

・クラウドソーシング（crowdsourcing）によって不特定多数の人々を商品開発に組み込む手法がある。

・集団的顧客予約（collective customer commitment）は、顧客が集団的に事前予約をする仕組みである。

3）ユーザーが主体的にものづくりをできる技術環境とは

　ユーザーが商品開発をする能力と環境が整備されてきている時代である。今日の商品開発環境で特異なことは、次の点にある。

①コンピューター・テクノロジーとパソコン(PC)が普及している。

②質の高い設計用ツールが安価に手に入る。

③3Dプリンターが登場したように、プロトタイプ作成用の質の高い装置が安価に手に入る。

④ビッグデータを活用して消費インテリジェンス（消費者理解の総合

力）[1]へのアプローチが可能になった。

⑤インターネットやネットワークによる質の高いコミュニケーションや、グループの形成が可能である。

人は、多様性ある存在であり、専門家に勝っていることがある。消費者が、本当に必要な「商品」を創る時代になってきている。

第5節　シニアマーケティング

1．少子高齢化社会における消費者の基礎データ

1）高齢社会のマクロ分析
(1) 人口構造の変化

日本における第二次大戦後の人口構造を概観する（表2-13 次頁）。

第1期に当たる戦後直後の3年間（1947年～1949年）は、団塊の世代と言われるベビーブームがあり、人口が増大した。

第3期2010年に、人口は1億2,708万人であった。

第5期の2050年予測では9,708万人と、40年間で3,000万人減少予測である。年代別に、2010年と2050年を比較すると、年少人口は1,680万人から741万人減少する。生産年齢人口は8,103万人から3,102万人減少する。老年人口は2010年に2,925万人だったが、2050年には3,768万人と843万人増加すると予測している。

注1) 経済産業省大臣官房審議官西山圭太氏平成25年7月3日発表「消費インテリジェンス―ビッグデータで消費を科学する―～ミクロのデフレからの脱却のために～」

第2章　マーケティングへのアプローチ

　出生率の低下により子供の数が減る一方で、65歳以上の高齢者の割合が高まっている。少子化の進行とともに、高齢化の進行である。少子化と高齢化とは、各々が独立した概念であり、少子化と高齢化を分けて分析する必要がある。ここでは、高齢化に焦点を当てて論を進める。WHOによると、高齢化は、高齢化率が7％－14％であると高齢化社会、14％－21％であると高齢社会、21％以上を超高齢社会と呼ぶ。日本は、2007年に高齢化率が21.5％であり、超高齢社会になった。2013年には国民の4人に1人が高齢者という人類社会に前例がない速さで高齢化が進んでいる。2050年頃の高齢化率は、38％台と予測されている。

<表2-13>戦後人口構造変化の5期分類

期	期間	総人口	人口3区分			各期のポイント
			年少人口	生産年齢人口	老年人口	
1期	1947〜1954	＋	＋	＋	＋	団塊の世代が誕生。 　その直後から出生数が抑制されるが、総人口と3区分別の人口は、いずれも増加した。
2期	1955〜(1970年代)〜1995	＋	－	＋	＋	年少人口は減少するが、生産年齢人口、老年人口が増加し続け、総人口も増えた。 　1人当り消費量の増加もあり、多くの市場が拡大した。 　但し、1970年代は第2次ベビーブームがあり、年少人口が増加した時期である。従って、第2期は、その時期と前後の時期の3つの時期に分けてみることが可能である。
3期	1996〜	＋	－	－	＋	総人口はまだ微増だが、多くの分野で1人当り消費量の大きい生

第5節　シニアマーケティング

	2010					産年齢人口の減少により、縮小し始める市場が目立つようになった。
4期	2011〜2042	－	－	－	＋	総人口が減少に入ってしまい、増加するのは老年人口だけとなる。但し、2020年までには、その老年人口の増加率も急落する。
5期	2043〜	－	－	－	－	老年人口も減少し、年間の人口減少率が1%を超える。

出所：『「ディープな高齢社会」ニッポンで稼ぐ』根本重之著　日本経済新聞出版社 2013年 11頁（注．表中の＋は人口増加、－は人口減少を意味する）

<表2-14>年少人口、生産年齢人口、老年人口別人口割合

年	年度別の人口3区分が総人口に占める割合			
	年少人口（0〜14歳）	生産年齢人口（15〜64歳）	老年人口（65歳〜）	（老年人口の内75歳以上）
1950	35.4%	59.7%	4.9%	（1.3%）
1960	30.0%	64.2%	5.7%	（1.7%）
1970	23.9%	69.0%	7.1%	（2.1%）
1980	23.5%	67.4%	9.1%	（3.1%）
1990	18.2%	69.7%	12.1%	（4.8%）
2000	14.6%	68.1%	17.4%	（7.1%）
2010	13.1%	63.8%	23.0%	（11.1%）
2020	11.0%	59.9%	29.1%	（15.0%）

出所：1950〜2010年は総務省「国勢調査」、2020年は国立社会保障・人口問題研究所「日本の将来推計人口（全国）」（2012年1月推計）
注1）65歳以上75歳未満は前期高齢者、75歳以上は後期高齢者である。
注2）2016年に前期高齢者がピークアウトして、後期高齢者だけが増える時代が到来する。
注3）団塊の世代（1947年〜1949年生）は、2035年に全員85歳を超える。

第2章　マーケティングへのアプローチ

　2050年迄の40年間で3,000万人の減少を予測しているので、単純平均で1年間当り75万人減少する試算になる。この数値は大規模な都市が毎年消滅することに等しい。経済に与える影響は、毎年9,000億円の消費が失われることになる。その試算は、主として高齢者が人口減少し、その世帯人数2人、世帯支出20万円/月とする。計算式は次の通りである。

　(75万人÷2人/世帯)×20万円/世帯・月×12ヶ月≒9,000億円/年

　40年間でみれば36兆円に相当し、巨額である。

(2)高齢者の特徴

　超高齢社会の市場を概括すると、高齢者にはこれまでにはない特徴が3つある[1]。

①特徴1「大きな市場」

　老年人口は2010年に2,925万人だったが、2050年には3,768万人と予測されている。高齢者の人口が増加し、他の世代に比べて人口が相対的に多くなる。それ故に3つの指摘をしておく。

a. 人口数からいうと、高齢者の市場が大きくなると推定できる。

b. 高齢者は人生経験が豊富であり、多くの経験や知識を持った人達である。彼らの需要は、多様性に富む可能性がある。また、時間を十分に持っている人が多い。従って、時間を使って、消費や学習する可能性が高いことを示唆している。消費の目的と形態が、他の世代とは異なる。例えば、音楽、スポーツや旅行等をみると、年少者と高齢者では楽しみ方がまるで違う。その違いを次頁の表2-15にまとめておく。

注1)『高齢化社会大好機』堺屋太一著　ＮＴＴ出版　2003年

第5節　シニアマーケティング

<表2-15>学習における年少者と高齢者の違い

比較項目	年少者	高齢者
目的	上達	楽しみと健康
分類	教育（知識産業）	楽しみと社交（時間産業）
動機	親の期待	本人の希望
運動能力	年々上昇	一定水準までの上昇
世間の目	熱心な子(褒められる)	変わった人（奇異な目）
上達	速い、無限の可能性	遅い、限界は見えている
対象	生徒	お客

c. 高齢者は、経済力がある。

　65歳以上の高齢者が、日本の個人金融資産1,400兆円（2002年当時）の内、過半を所有しており、財産や貯蓄を多く持っている。但し、誰もがお金持ちというわけではない。この世代は潜在需要を持っており、顕在化できる時間とお金を持っていることは確かである。なお、2015年第4四半期「資金循環の日米比較レポート」によると、高齢者の個人金融資産は1,741兆円になっている。

②特徴2「独特な市場」

　高齢者は、きわめて独特で、他の範疇では括れないことである。

　青少年であれば、生徒、学生という括りがある。したがって、生徒・学生という市場を考えることができる。

　20歳代から50歳代までは、サラリーマンや主婦という概念で括ることができる。したがって、ビジネスマン向け書籍や主婦向け本と出版するという市場を考えることができる。

　高齢者はどうであろうか。高齢者という以外には、その大半を括る別の概念がない。ある高齢者は、高所得の会社経営者であるかもしれないし、別の人は年金生活者であるかもしれない。即ち、一つの共通

第2章　マーケティングへのアプローチ

項で大半をまとめるような概念がないから、この世代のマーケットは極めて独特なものになる。

③特徴3「個性的」

　高齢者は、市場としては大きく、独特であるが、各人は極めて個性的である。

a.年齢は、65歳から100歳まで1世代以上に拡がっている。

　年齢の差は、各人が持つ記憶と経験の差でもある。

b.財産や収入が、ゼロから無限大までである。

　従って、価値と価格に関する感覚も人によって異なる。

c.知識、経験、技能、健康の状態は、すべて異なる。

　知識のある人はこうだ、経験豊富な人はああだ、技能を持った人はそうだと言い切れないことである。人それぞれに違うが、皆、高齢者には違いない。

④高齢者は管理されない消費者

　三つの特徴からいえる高齢者の重要な共通点は、大部分の高齢者は、「管理されない消費者」である。それだけに、悲観的な見方と楽観的な見方が相半ばしている。

　悲観的な見方の代表例が、年金暮らしの高齢世帯、独居老人、介護、介護離職等である。楽観的な見方では、アクティブシニア、サクセスフル・エイジング（WHOの呼称）等がある。

　高齢者は本当に好きなことができる。この点からいえば、高齢者が本当に好きなことを提供しなければ、高齢者市場を掴むことができないであろう。未来の消費市場は、高齢者が元気に外を歩けるかにかかっている。参考までに各世代が求める「贅沢とは何か」を比較しておく（表2-16 次頁）。

第5節　シニアマーケティング

<表 2-16>各世代が求める「贅沢」

比較項目	青少年	サラリーマン	高齢者
好きな場所	ためになる所	仕事のできる所	自我の通せる所
好きな時	学校休み （試験のない時）	休日 （会社のない時）	最良の季節 （本当に良い時）
好きな行動	学べる （真似すること）	仲間に好かれる （平穏、平凡）	気儘にできる （自己満足）
好きな結果	脳裡に焼き付く （憶える）	成果がある （積む）	心に感じる （感じる）

２）日本の高齢者マクロ事情

(1)高齢者の家族形態（世帯別類型）

　核家族の進行と高齢者人口の増加に伴って、高齢者の家族形態（世帯別類型）は、この半世紀の間に大きく変わった。日本の家族形態は、かつて、高齢者は、子や孫と同居又は近居することが一般的だった。例えば、1980年、子や孫と三世代で暮らす高齢者の割合が50%以上だった。高齢者がいる世帯のうち、高齢者のみの世帯は、「単独世帯」が10.7%、「夫婦のみの世帯」が16.2%の合計26.9%だった（表2-17次頁）。

　その後、三世代世帯が年々減少し、2010年に三世代世帯は、16.2%と大幅に減少した。同年には単独世帯24.2%と夫婦のみの世帯29.8%の合計が54.1%になっており、1980年に比して27.2%増加した。

　まとめると、単独世帯は、1980年では約91万世帯（総数×単独世帯の割合）だったが、2010年では505万世帯と急速に伸びている。高齢者のみの世帯の増加は、高齢者の加齢に伴う要介護などの社会的課題を惹起せざるを得なくする。

第2章　マーケティングへのアプローチ

<表 2-17>高齢者のいる世帯数と構成別割合の推移

年次	高齢者の いる世帯 総数 (千世帯)	構成別割合（%）				
		単独世帯	夫婦の みの世帯	親と未婚の子のみの世帯	三世代世帯 1)	その他の世帯
1980	8,495	10.7%	16.2%	10.5%	50.1%	12.5%
1990	10,816	14.9%	21.4%	11.8%	39.5%	12.4%
2000	15,647	19.7%	27.1%	14.5%	26.5%	12.3%
2010	20,705	24.2%	29.9%	18.5%	16.2%	11.2%

注 1) 世帯主を中心とした直系三世代以上の世帯をいう。
資料：厚生省大臣官房統計情報部「厚生行政基礎調査」（1985 年以前）、厚生労働省「国民生活基礎調査」（1986 年以降）

(2)高齢者の生活状況（暮らし向き）

　1990 年代以降、日本国民の所得額は総じて減少しているが、高齢者世帯も同様に減少している。生活が苦しいと答える高齢者世帯が、年々増えている。

<表 2-18>高齢者世帯の生活意識

年度	大変苦しい	やや苦しい	普通	ゆとりがある
2001 年	15.9%	28.4%	49.9%	5.7%
2006 年	21.2%	34.8%	39.7%	4.4%
2011 年	24.5%	29.8%	41.4%	4.2%

資料：厚生労働省「国民生活基礎調査」

第5節　シニアマーケティング

①所得（収入）

　2010年の高齢者世帯の年間平均所得は307.2万円で、全世帯の平均額538.0万円の約57％となっている。世帯員1人当りで見ると、高齢者世帯は197.4万円、全世帯は200.4万円となっており、大差はない（下表）。

　高齢者世帯の所得（収入）の内訳では、「公的年金」の割合が大きいのは言うまでもない。内訳でみると、稼働所得（就業による収入）が徐々に減っている。理由は定年退職高齢者が増加しているためである。

<表2-19>高齢者世帯の主な所得

	2002年	2006年	2010年
年間所得	304.6万円	306.3万円	307.2万円
内訳　公的年金	67.0%	68.4%	67.5%
稼働所得	19.9%	18.3%	17.4%
財産所得	7.4%	7.5%	8.9%
仕送り他	5.6%	5.8%	6.2%
世帯員1人当り	196.1万円	195.5万円	197.4万円
一般世帯員1人当り	204.7万円	207.1万円	200.4万円

資料：厚生労働省「国民生活基礎調査」

②消費（支出）

A．高齢者が世帯主である世帯の年間消費支出内訳

　表2-20（次頁）は、2001年と2011年の全世帯平均と世帯主65歳以上を比較した年間消費支出内訳の割合を示す。消費支出のなかでも

第2章　マーケティングへのアプローチ

最も割合が大きかった「①食費」は、1990年代まで減少傾向だったが、2001年以降は上昇傾向がうかがえる。「②住居費」、「③光熱・水道費」、「⑥保健医療費」、「⑦交通・通信費」も上昇ぎみである。

「⑩その他の消費支出」は、交際費、小遣いや子や孫への贈り物などを含めた支出項目である。その支出額は1990年代末までは増加し、家計支出の中で「食費」と同じ割合（約25%）を占めるまでになった。21世紀になってからはその額も割合も減少気味である。

<表2-20>世帯当り年間消費支出内訳推移

項目	2001年		2011年	
	全世帯 平均	世帯主 65歳以上	全世帯 平均	世帯主 65歳以上
世帯人員	3.28人	2.58人	3.08人	2.47人
有業人員	1.51人	0.89人	1.33人	0.74人
世帯主の平均年齢	53.6歳	71.4歳	56.8歳	73.1歳
消費支出	100.0%	100.0%	100.0%	100.0%
①食費	23.2	25.2	23.6	25.7
外食費	3.8	2.7	3.9	2.7
②住居費	6.4	6.3	6.7	6.8
家賃地代	3.5	1.7	3.7	2.0
設備修繕・維持費	3.5	1.7	3.7	2.0
③光熱・水道費	7.0	8.1	7.8	8.7
④家具・家事用品費	3.6	4.1	3.6	3.9
⑤被服および履物費	4.9	4.5	4.0	3.3
⑥保健医療費	3.8	5.4	4.5	6.4
⑦交通・通信費	11.8	9.0	12.9	9.8
⑧教育費	4.2	1.0	4.1	0.3
⑨教養娯楽費	10.1	11.1	10.3	10.5
⑩その他の消費支出	25.1	25.2	22.6	24.7
諸雑費	6.2	7.0	7.9	8.7
交際費	9.5	13.8	8.2	12.0

資料：総務省「家計調査」

第5節 シニアマーケティング

B．高齢者になると増減する消費項目

　高齢者は、年金生活者や無職世帯が多く、全世帯の27.1%を占めている。高齢者は在宅時間が長いことから、増加した費用と減少した費用が明確に分かれる（下図）。増加した費用としては、持ち家のリフォーム、健康関連商品の購入、時間多消費型の旅行などである。減少した費用としては、勤労時代の小遣い、洋服、その他ビジネスに関連した履物、外食、通信費、自動車購入費などがある。

<図2-20>高齢者になると増減する消費項目

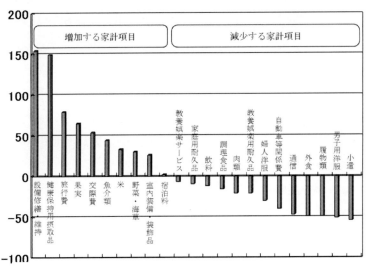

注．60歳以上・無職世帯の支出と60歳未満・勤労世帯の支出比較
　　総務省「家計調査」

第2章　マーケティングへのアプローチ

③貯蓄・資産・住宅
A．貯蓄
　高齢者世帯の世帯主の8割は、定年退職高齢者といわれている。高齢者の多くは、退職金を「老後生活のため」や「災害・障害・疾病時の備え」として貯蓄している。21世紀初頭では、平均して一般世帯の約1.4倍（約1,600万円）程度の貯蓄があると推測される。その中には、貯蓄額が100万円に満たない高齢者世帯が10%以上あるのも実情である。
　21世紀に入ってからは貧しい高齢者が増えており、生活保護を受けている高齢者が増えている。2011年では男性単身高齢者では約4人に1人、女性単身高齢者では約6人に1人が生活保護を受けている。
B．資産と住宅
　高齢者の資産のほとんどは、住宅と宅地である（表2-21次頁）。日本の住宅政策が「個人の持家促進」であったために、多くの日本人は定年までには住宅を持つように努めている。高齢化した世帯主の世帯では、持家率は約9割に及んでいる。
　しかし、単身高齢者の持家率は60%台となっている。単身高齢者の3割強の人々は、借家や借室である。
　また、住宅は保有していても住宅ローンを定年退職後も払い続けている高齢者も少なくない。負債の多くは住宅ローンである。
④高齢者には、健康、疾病、介護、認知症、社会保障費等の問題がある。

134

第5節　シニアマーケティング

<表2-21>個人の資産状況

世帯主年齢	住宅・宅地資産額	金融資産	その他の資産額	合計
30歳未満	千円 3,405	千円 832	千円 736	千円 4,973
30〜39歳	12,663	△1,300	1,097	12,460
40〜49歳	18,870	1,398	1,154	21,422
50〜59歳	21,434	9,252	1,210	31,897
60〜69歳	22,176	15,020	1,123	38,319
70歳以上	29,545	12,875	986	43,406

資料：総務省「平成21年全国消費実態調査」

第1項の参考図書

『高齢化社会日本の家族と介護－地域性からの接近－』清水浩昭著　時潮社2013年

『大転換期日本の人口事情～少子高齢社会の過去・現在・将来～』エイジング総合研究センター編著　中央法規出版　2014年

『少子高齢化－21世紀日本の課題－』大塚友美編著　文眞堂　2014年

『「成熟社会」を解読する－都市化・高齢化・少子化－』金子勇著　ミネルヴァ書房　2014年

『少子・高齢化と日本経済』安藤他著　文眞堂　2014年

『人口推計－平成25年10月1日現在－』総理府統計局編集　日本統計協会平成26年

第2章　マーケティングへのアプローチ

2．高齢化が進むと市場はどうなるか

(1)世帯当たり消費金額と世帯人数

　「世帯当たり年齢別消費支出調査」（下表）から言えることは、次の点である。

・世帯主が 50〜54 歳、大学生の子供がいる家庭が、一番消費支出が大きく 34 万円である。

・65〜69 歳の世帯では、月間消費支出が 25 万円と、ピークの 34 万円に比べて 9 万円下がっている。

・75 歳以上では 20 万円になる。

　肝心なことは、この間に世帯人員数が変化している。具体的には、子供が独立することや、連れ合いが亡くなることで、単身世帯が増えたりする。即ち、1 世帯当たりの消費支出は、世帯一人当り月間消費支出からすると、世帯人員数の減少で起きていることが推察できる。世帯当たり消費金額と世帯人数の相関係数は 0.9 であり、強い相関にある。

＜表 2-22＞世帯主年齢別の 1 世帯当り月間消費支出額と世帯 1 人当り月間消費支出

世帯主年齢	1 世帯当り世帯人員数	1 世帯当り月間消費支出	世帯 1 人当り月間消費支出	世帯の状況
50〜54 歳	2.9 人	34 万円	12 万円	大学生の子供
65〜69 歳	2.2 人	25 万円	12 万円	子供の独立
75 歳以上	1.7 人	20 万円	12 万円	連れ合いが亡くなる

出所：総務省「平成 21 年全国消費実態調査」

第5節　シニアマーケティング

(2)消費支出金額の変化は、品目によって違う

　消費支出金額の変化は、品目によって違う。高齢化が進むほどに伸びる品目と、落ちる品目がある。これらを識別して取るべきアクションを変えることである（表2-20/132頁と、図2-20/133頁参照）。

①食費は、小さな子供がいる世帯で一度減り、高齢になると1人当たり消費支出金額は大きくなる。特に、生鮮食品は高齢者の方が支払っている。

②光熱・水道費も、食費と同じ動きをしている。

　高齢になると在宅時間が長くなるからである。在宅時間と関連する消費は、高齢化するとすべて増える。

③保健医療費は、当然増える。

④教養娯楽費は、前期高齢者の内は時間があり旅行等に行くが、後期高齢者になると、体力がなくなり、支出は下がる。パックツアーは、今がピークでこれからは落ちるだろう。

⑤インターネットやスマートフォンを使わない高齢者が、現在は多いが、今後は変わるかもしれない。

⑥杖や補聴器は、多くの前期高齢者は使わないが、後期高齢者が増えてくれば売れるようになる。

⑦健康保持用摂取品は、後期高齢者の増加で伸びる品目の筆頭である。60代で全年齢平均の69%増、後期高齢者では124%増という結果が出ている。2015年4月に解禁になった機能性表示食品は取り組まなければならない品目である。

⑧酒類は、前期高齢者は全世代平均より飲んでいる。後期高齢者になると酒量は落ちし、飲む回数、機会がどんどん減る。酒類メーカーは国内にとどまると確実に縮小する。アルコール度数の高い清酒は割っ

137

て飲むことができなく、飲み方の幅が狭いので、他のアルコールに比して選択されることが減っていく。

⑨スーツは、仕事を辞めると購入しなくなる。

⑩車は、乗らなくなる。

　セルフサービス業態は、社会的なモビリティが上昇することで成長してきた。車の普及によるモビリティは、高齢化で急速に低下する恐れがある。車に依存していた小売業や外食産業が連動して縮小する危険がある。総合スーパーやスーパーの来店数は減少すると思われる。高齢化で車を運転するお客が10%減り、店の駐車場が10%空いたとする。その10%こそが最も食料品などを買う層であるから、損益分岐点を割るスーパーが出てくるかもしれない。但し、車が、近い内に自動運転になれば、違う状況になると思われる。

３．シニアマーケティングのためには

１）人生の「生・老・病・死」からみた市場

(1)ライフコース

　ライフコースは、生老病死という誕生・成長・健康・予防・未病・病気・介護・認知症・死に至るすべてを対象にしている。シニアだけを対象とするのではない。従って、市場は広がりを持っている。

・食と健康市場

　　機能性食品、サプリメント市場

　　機能性食品表示制度

・健康寿命：メタボリックシンドローム、ロコモティブシンドローム、認知症に対してヘルスケア、セルフメディケーション

第5節　シニアマーケティング

・医療・医薬品

・介護：介護食品、介護用品、ペット、介護ロボット

・化粧品

・衣料

・住宅等

(2)超高齢社会で起きる複雑な課題を解決するには、新しい学問の体系（ジェロントロジー、老年学、加齢学）を築く。

　医学、看護学、理学、工学、法学、経済学、社会学、心理学、倫理学、教育学等を包括する研究活動を進めることである。

「ジェロントロジー」で研究することは、

・年を取るとはどういうことか。

・それによって社会はどのように変化するか。

・問題をどうやって解決するか。

例えば、「活力ある超高齢社会を創る」と言えば、都市計画や土地利用計画を考えることにもなる。

2）シニアに「シニア」は受けない

　人は、日々、連続的に生きており、人の本質は年齢に関係ない。人の本質は、「不老長寿」を願っている。

　若くありたい

　美しくありたい

　健康でありたい

　高齢だからどうこうするのではなく、人としてどうありたいのかを考えている。

139

第2章　マーケティングへのアプローチ

３）高齢者マーケティングの難しさ
(1)高齢者の意識
「体と心」の乖離、又は現状と意向にギャップがある。自分だけは違うと思っている。
・あきらめ半分として、「人生下り坂」感、「年相応」を自覚して「枯れていく老人」になる。
・本当はこうしたいという点では、「人生これから」感、「生涯現役生活」があり、高齢者の豊かな生活作りや消費マインドが生まれる。
(2)体と心の乖離
　高齢者一人ひとりが、「不安」と「エンジョイしたい気持ち」を併せ持っている。２大不安要素は、健康と経済である。この２大不安をケアすると、エンジョイできるという関係にある。「人生下り坂」感から「人生これから」感への転換ができる。
(3)超高齢社会におけるフィジカルステージマーケティング
　フィジカルステージマーケティングは、加齢によって出来上がる新しいマーケティングである。加齢によるエントリー利用がさまざまな方面で発生する。加齢によりニーズが生まれても、それに見合った商品をどこで買えばよいかわからない。それだけに、このエントリー層というのは、最初に買ったものをずっと使い続ける傾向が強いので、最初の顧客を獲得することが大事である。

４）シニアマーケティングは何が課題になるかの事例
(1)ロコモティブシンドローム（略称ロコモ）の予防
　高齢化問題と後期高齢者の医療費の増大から、「健康寿命延伸」が提唱されている。健康寿命延伸を阻害する３大要因は、ロコモティブシ

ンドローム（運動器障害）、メタボリックシンドローム（脳血管障害）と、認知症である。

ロコモは、運動機能低下をきたす疾患として、骨、膝、腰に現れる。予防としては、筋力アップが必要である。安心して歩くために、商品としては「サポーター」がある。

(2)家庭用品拡販に向けて調理器具の提案

内食志向から家庭で料理する機会が増えた。それと共に、料理する男性も増えている。中でも、シニア世代の6割以上が、週2回前後料理をしている。このようなトレンドの中で、便利な調理器具が貝印やマーナといったメーカーから数多く出品されている。販売チャネルとしては専門店、通販、均一ショップ系が伸張している。

(3)キッズカテゴリー提案

シニアが支えているキッズ市場をテーマにする。キッズ市場規模は4兆7,800億円である。そのうち生活雑貨関連は2,475億円である。祖父母が孫にかける支出は年間約11万円で、子供人口（0〜14歳）は、1,680万人であるので、日本全体では1兆8,128億円になる。

孫に会う機会の前に、普段から祖父母に訴求する「普段の買い場」で提案することである。機会としては、お彼岸（3月、9月）、こどもの日（5月5日）、夏休み帰省、敬老の日（9月第3月曜日）、孫の日（10月第3日曜日）、クリスマス（12月）、年末年始の帰省時、孫の誕生日等である。

(4)アンチエイジングカテゴリー

化粧品メーカーを中心に「アンチエイジング」カテゴリーが伸長している。従って、品揃えや棚割は、アンチエイジングの構成比を拡大することである。

第 2 章　マーケティングへのアプローチ

(5)介護する方にとって、必要な商品の開発

　介護される方の商品は、各種販売されている。一方、介護する方に対して心身をケアする商品の開拓が必要である。例えば、介護では手荒れ、肌荒れ、腰痛等を引き起こしやすいことや、介護疲れやストレスがある。その対策の為に、商品を開発することである。介護用のロボットの開発もある。

5）小売業のシニアマーケットの取り組み

(1)ダイシン百貨店

①コンセプト

・これからは店ではない。地域のコミュニティの拠点にする。

・ありとあらゆるものがそろい、地域の公共的役割も担うセンター・オブ・コミュニティ（COC）になる。

・『医』『食』『健』『智』『住』『公』を備えた、地域に欠かせないインフラを目指す（補足：智はスクール、住は住関連、公は公共施設的なもの）。

・地域の高齢者に対して居場所づくりになる。

②品揃え

　店内在庫は、約20万アイテムである。食品、衣料、日用品はじめ、ペルシャ絨毯まで品揃えしている。カセットテープ、二層式洗濯機、柳屋のポマード、アルマイト製やかん等があり、1年に1個しか売れない商品も品揃えしている。カテゴリー毎にシニアを意識した品揃えを豊富にしている。例えば、漬物300種類、みそ180種類、ペットフード3,000アイテム等である。

③客層は、シニア中心に子と孫の三世代である。

④商圏は、半径500m、シェア100%主義の超地域密着型である。

⑤祭事は、自前のダイシン夏祭り、2万人が集まる地域のお祭り。

⑥「幸せ宅配便」で、買い上げ商品を自宅に届ける。60歳以上は無料である。

（注．ダイシン百貨店は2016/5/8に閉店した。ドン・キホーテHDが経営権を獲得し2016/6に大森山王店になる。上記はダイシン百貨店の時である。）

(2)マルエツ（食品スーパー）

①コンセプト「やさしいお店づくり」

　10年以上、高齢者にとって使い勝手の良い店づくりに取り組んできた。

②取り組み：全従業員を対象にして高齢者の疑似体験をさせている。疑似体験をすることで、売り場の不便さに気づかせ、全社員を対象に改善提案活動をした。具体的には、売り場のサインや表示、陳列の仕方、応対の改善、サービス介助士の資格を店長全員が取得した。

　売り場での目線にも配慮し、下段に高齢者が好むようなものを置くなどきめ細かく対応している。

(3)コンビニエンスストア

　シニア対応が進んでおり、シニアの客層が増えている。セブンイレブンでは、宅配や移動販売車を始めている。ローソン、ファミリーマート、ミニストップも検討あるいは実施をしている。ローソンは、佐川急便と提携して新会社を設立した。高齢者の中には店舗まで来られない人が多数存在しているので、佐川急便との提携は購買便宜性の是正である。

(4)ドラッグストア

　「健康」や「セルフメディケーション」がキーワードである。シニ

アにとって、「かかりつけ薬局」として何かあればそこに行くことである。

6）買い物弱者事業

　経済産業省、農林水産省や各地方自治体で買い物弱者問題が取り上げられている。買い物弱者の定義は統一されていない。ＡＤＬの報告書には次のように書かれている。「買い物弱者とは、住んでいる地域で日常の買い物をしたり、生活に必要なサービスを受けたりするのに困難を感じる人たちのことである。生鮮食料品店までの距離が 500m 以上かつ自動車を持たない人を買物困難者としている」

　小売業は、今、買い物弱者事業を検討している。小売業からお客に近づくやり方に、①直接的な買い物弱者支援と、②間接的な買い物弱者支援がある。

①前者の例は買い物代行（宅配、ネットスーパー等）

　セルフサービス店は、お客が店舗にきて商品を買って持ち帰ることを前提にしている。即ち、お客が持ち帰りという費用を持つことによって店舗での売買が成り立っている。これに対して、ネットスーパー等の買い物代行では、お届けする配送費が別にかかる。店頭売価が同じでは、店内オペレーションコストを切り詰めても、お届けというサービスを付けて販売しても儲からない。

　ネットスーパーで儲かるには、通常来店が見込める商圏よりさらに狭い商圏で戸別配送をすることではないだろうか。この足元商圏で車1台がフルに稼働する状況を作り、段階的に拡大するやり方であれば、利益が出る可能性がある。例えば、配送費が1台当り45万円/月、1個配送する費用を250円とすると、1日当り60個運べばよいことにな

第5節　シニアマーケティング

る（60 個×運賃 250 円/個×30 日=45 万円/月）。

②間接的な買い物弱者支援の例

　マルエツの小型店であるマルエツプチの展開がある。小型店は、バックヤードが狭いので、オペレーションが難しい。生鮮の加工や惣菜を製造するプロセスセンターを持つか、それらの製造拠点となる大型店舗を持つかして、各店舗に送る仕組みを作ることである。

③オムニチャネルの進化

　ネットビジネスは、消費者が家等に居ながらにしてほしい商品を発注し、納品してもらえる（第 2 章第 4 節 108 頁〜122 頁参照）。

第 5 節の参考図書

『「ディープな高齢社会」ニッポンで稼ぐ』根本重之著 日本経済新聞出版社 2013 年 9 月

『買物弱者・フードデザート問題等の現状及び今後の対策のあり方に関する調査報告』Arthur D Little（略称 ADL）　平成 27 年 4 月頃

『隆起するシニアマーケットの現状と取り組み』西川立一講演録 日本販売士協会　販売士 2015.06

『消費と流通の今を捉え、先を読む 2015〜ディープな高齢社会ニッポンで稼ぐ〜』根本重之講演録 日本販売士協会 販売士 2015.09

第2章　マーケティングへのアプローチ

第6節　卸売業のマーケティングと販売

1．マーケティングと販売活動の違い

　マーケティングは、独自性のある商品を開発し、消費者に届ける経営行為そのものである。企業がどのような会社に変わるとよいのかと言えば、消費者起点に立ったマーケティングができる会社になることである。消費者起点で考えるとは、商品が消費者にとってどうなのかということを考えて意思決定をする判断基準である。

　卸売業におけるマーケティング機能は、下記の項目毎の方法を検討し、仕組みを構築することである。

・商品は、消費者にどのような市場やカテゴリーを作り出すのか。

・商品の、どのような価値（便益・効用）を販売するのか。

・商品を、誰に使ってもらいたいのか。

・商品で、消費者はどのような満足と評価を得るのか。

・商品を、どのようなチャネルで販売するのか。

・商品で、いくら儲かるのか。

　商品が売れるようにしていくには、全社的にマーケティング活動を行うことである。基本は、商品力があること、商品を告知すること、商品を配荷し、店頭に陳列することである。

　売れているとは、商品力（商品好意度・選考度）、広告力（商品の告知・認知）と販売力（配荷）の3つの積である。

売上＝「商品力」×「広告力」×「販売力」

　商品は、商品力があれば売れる。商品が売れていない時は、なぜ売れないのかかが課題である。表2-4「マーケティングの戦略指標」

第6節 卸売業のマーケティングと販売

(84頁)に従って項目ごとに検討していく。

まず、商品力に係る項目の評価である。

次に、消費者にいかに告知しているかにある。

即ち、マーケティングの本質である商品の価値を消費者に明確に伝えるために、消費者の立場で小売業に商品の価値を提案することを徹底する。

販売力は、商品の配荷と陳列にあるので、販売活動を検討することになる。

販売活動は、マーケティング活動の中の1プロセスになる。マーケティング・ミックスで言えば、販売活動は流通戦略の一部を構成する。流通チャネルを決めることで、だれを顧客として販売活動をするのかが決まる。コミュニケーション戦略の中では、販売活動は人的販売にあたる。従って、販売活動とは、顧客に商品を売り込む活動そのものであり、その販売方法を構築することになる。販売活動は、売上や利益を作るための具体的な活動をいう。

2．卸売業の販売活動

1）商品知識

卸売業には、メーカーに働きかける活動（販売代行機能）と、小売業に働きかける活動（購買代行機能）がある。卸売業は、いずれにも働きかけることによって、消費者の立場で商品の価値を向上させることである。

販売活動の基本中の基本は、商品知識教育と習得にある。商品を知ることは、品揃えや売り場作りの基本の力になる。卸売業の販売員は、

第2章　マーケティングへのアプローチ

自社商品であれ、メーカー商品であれ、商品知識を習得することである。特に商品の使用体験を是非行うことである。知識に関しては自ら商品テストを課すとよい（表2-23, 149頁参照）。商談が説得力あるものになる。商品の目利きができるようになる。

2）販売活動の基本機能

　卸売業の「販売活動の基本機能」としては、品揃え、配荷、陳列、情報の提供と収集、経済的・効率的な活動の5つがある。顧客満足には、「卸売業ならでは」の販売活動の差別化された魅力作りが重要になる。

(1)品揃え

①商品の3視点

　「商品コンセプト」(69頁)の項で述べたように、商品コンセプトは、消費者に対して商品が与える価値（便益や効用）を表現したものである。

　商品そのものを理解するには、商品を3つの視点からみることである。即ち、商品の特徴、便益・効用、証拠の3つである。

　商品は、どんな特徴（事実）があり、その特徴はどのような便益・効用をもたらしているのかを知ることである。そして、特徴や便益・効用を客観的に立証する技術やノウハウ(know how)で証拠立てることである。この3つが、商品毎に論理的に整っているかを調べることが肝要である。商品の特性を理解するために、表2-23(次頁)を作成してみることを薦める。

第6節　卸売業のマーケティングと販売

<表 2-23>商品の3つの視点

視点／便益	特徴	便益・効用 （特徴は便益・効用を もたらし、買い手に利 益を生む）	証拠 （特徴や便益・効用を 客観的に立証する技 術・ノウハウ）
①市場			
②用途			
③機能			
④品質			
⑤デザイン			
⑥香り			
⑦包装			
⑧広告宣伝			
⑨価格			

②品揃えと商圏

　小売業にとって価値のある卸売業であり続ける条件の一つに、品揃え（商品構成）がある。品揃えは、どのような卸売業であるかを雄弁に物語る。卸売業の販売にとって、商品をどのように揃えると売れるのかを提案できるかどうか、小売業のニーズに従って差別化された品揃えをどう提案するかである。店舗の商圏内消費者に最適な品揃えを提案することである。

　品揃えは、商品選びが基本にあり、カテゴリー知識や商品知識が不可欠である。カテゴリー知識としては、カテゴリー毎の市場規模、市場動向、メーカー、ブランド等がある。商品を選定できる力（「商品目利き」）を備えることである。

　品揃えは、売上と利益を決める。「利は元にあり」といわれるよう

第2章　マーケティングへのアプローチ

に、品揃えは卸売経営においては利益の源泉である。商品毎に粗利益額と粗利益率は違っており、品揃えの構成が、粗利益額及び粗利益率を決め、利益構造を決める。

(2)配荷

　担当企業の店舗の特徴に従って、適切に商品を配荷できるようにする。企業別に目標配荷店の設定と、店頭への配荷スピードは、少なくとも週1回配送が前提であるから、1週間以内配荷が基本である。

　配荷は、売上の源泉であり、インストアシェアの向上の要になり、マーケティング施策の実現を高める。売場の鮮度を保つのは、新商品の配荷は重要である。

①配荷の質を上げることで、差別化を図る

　配荷は、品揃えを決め、消費者の買い場を作ることである。そのために、小売業や店舗の特性に合わせた商品の品揃えを決め、配荷することである。それが、配荷の質になる。

　配荷の質を上げる店舗の特性要因の例としては、来店客特性（年齢、性別、買物頻度等）、立地、商圏、規模（売場面積）、業態、ゴンドラ本数、エンド本数、売場レイアウト、カテゴリー別ゴンドラ本数、商品別フェイス数等がある。

②配荷スピードである1週間内配荷と、ＰＤＣＡマネジメント

Ａ．配荷目標を企業別・店舗別に決める。

Ｂ．配荷計画を５Ｗ１Ｈ[次頁1)]に基づいて作る。

Ｃ．計画に基づき実行する。

第6節　卸売業のマーケティングと販売

D．実行状況をフォローする。
・配荷計画に基づき商談準備は出来ているか。
・商品の配荷商談をしているか。
・企業別・店舗別のどこの配荷が決まり、配荷日はいつか。
・配荷する決定数量・金額はいくらか。
・定番やエンドの陳列方法はどうするか。

(3)陳列（定番棚割りと売り場作り）

　担当企業の店舗特徴に合わせた品揃えと、それに合わせた棚割りを行い、売り場を作る。陳列には、プラノグラム（棚割システム）を活用した定番作りとエンド作りがある。

①顧客毎の店舗管理が基本になる。

　売上増減が、店舗数によるものなのかどうか、出店・閉店を予め調査し、顧客毎の店舗管理表を整備しておく。顧客の店数は、既存店と新規店に分けて売上をみる。例えば、立地、来店客層、規模（売り場面積）、レイアウト、カテゴリー毎の売場フェイスである。

②売り場提案ができるようになる。

　売場の提案には品揃えができて、商品の話題を作れるとよい。

③インストアシェアは、商品の品揃え、配荷、定番作り、販促活動（エンド展開本数）で決まる。定番作りの基本は、商品の市場での位置づけ（マーケットシェア）にある。

注1）5W1H：Why（なぜ），What（何を），When（いつ），Where（どこ），Who（だれが），How（如何にして）。定番を構成するナショナルブランド（NB）は、その商品が属する市場（カテゴリー）でのマーケットシェアと粗利益率によって評価する。

第2章　マーケティングへのアプローチ

　定番構成では、ＮＢは定番の売上構成比70～80％を基本とし、他は
プライベートブランド（PB）や立地・顧客層に応じた商品で構成する。
④店頭基軸の営業活動においては、店頭からの実出荷を図ることを徹
底することである。これが真の売上（実需）であり、流通全体の在庫
管理の考え方の基本になる。
⑤売れ続ける仕組みを作る。

　継続的な販促企画の年間提案を行う。育成商品は、「新商品寿命3
週間説」とは別枠で、提案をし続けることが大事である。小売業の仕
入調達する部門と、店頭活性化を図る販売部門との両部門の連携がい
る。

(4)情報の提供と収集

　顧客とは、定期的に本部及び店舗を訪問して、コミュニケーション
を深める。訪問・情報収集・提案活動のサイクルを継続して行い、得
意先との関係を強化する。

　情報収集の重点としては、商品、店舗、売場、物流、帳合、顧客の
経営動向、組織機構・人事異動等である。特に、商品やカテゴリーの
情報提供と課題等の情報収集を行う。顧客の企業情報とニーズ等の情
報を商談に生す。また、収集した情報を分析して、最適な提案活動を
行う。

　説明を要する商品が増えているので、店頭で商品価値（便益と効用）
を伝えるＰＯＰや電子画面等を貼付する。また、小売店から推奨販売
の支持を得ることである。

第6節　卸売業のマーケティングと販売

(5)経済的・効率的活動

　商品の調達から代金の回収までが、営業の活動範囲である。売上予算の恒常的な達成と、生産性を向上させる活動を行う。利益がでる商売の実践である。

　卸売業の販売部員は、客先の業務であるのにも拘らず、その依頼を受けている。依頼業務に多くの時間を割いている。帳合維持を意識しているためであろう。しかし、本当に客先の仕事であれば、依頼者本人のためにも、断ることである。客先は断られることで、なぜ依頼する必要があるかに気付くことがある。

　客先の依頼事項の中には、企画書作成や業務診断に関わることもあるが、両社の業務プロセスに関わることが多くあり、システム化が可能である。販売に関わる社内システムを活用することや、両社で業務をシステム化して改善することである。

　卸売業の業務プロセスには、自社内においても、メーカーや小売業との間においても、人手を要している業務がある。まず、その点からシステム化すると、業務の効率化が図れるし、働き方改革になる。

　同様に、販売員本人が出金伝票を入力する時に、証憑をいかに電子化するかで、後処理が大きく変わる。

３．販売組織

１）店頭に立とう

　店頭に立って買い場はどうなっているのか、消費者は何を欲しているのか観察してみる。どうすれば来店客に支持されるのか、提案

第2章　マーケティングへのアプローチ

することだ。何よりも顧客満足を目指す。

　基本活動ができなければ、いくら知識をもっても、批評・批判するばかりの自分がいて、何もしないということになりかねない。店頭観察等を実際に行うためには、訓練をしなければならない。企業経営は、考えたことを実際に行って始めて、売上と利益が生まれる。

2）打てば響く組織になる

　顧客は常にベストを求めている。顧客はこちらの都合を待ってはくれない。顧客の要望やクレームにクイックに提案する。社内に協力の輪を素早く作る。

　卸売業のマーケティング活動が活発になってきている。仕入調達の部門の呼称がマーチャンダイジング部になる。販売部門あるいは仕入れ部門をひっくるめて、マーケティング的な呼称に変わってきた。卸売業が志向している理念を組織に反映してきている。

　大きい企業が、小さい企業に当然のように勝つのではない。早く行動を起こす企業が、行動の遅い企業に勝つのだ。誰もが、早くスタートすることはできるし、素早く行動することはできる。早くスタートをすれば、途中の道のりで紆余曲折があっても、修復ができ、早く目的地に着く、そして、勝てる。年次・月次・週次行動計画はそのためにある。

　消費者、商品、買い場、社会等の変化には、見える変化と見えない変化がある。いろいろなところで変化が徐々に、時には急激に起きている。消費者心理の変化を始め、社会の変化の兆しは、身近な所にも現れるが、気付かないことが多い。統計データだけでも読み取れない。マーケティングする者は、一つの現場を見続けることだ。観察する方

154

第6節　卸売業のマーケティングと販売

が、気付くことが多くあることを肝に銘じておく。不断に発生する変化をいち早く気付いて、どのように対応するのかを考えることだ。一人ひとりが、世の中の変化に敏感であることである。マーケティングしていくには、この敏感さと敏捷さが不可欠である。

　日本人がもつ、自然に対する繊細な感受性を絶やさないことだ[1]。春になれば花見をし、晩夏には虫の声に涙を流し、秋になれば紅葉を楽しむという風に、自然と心を通わせることだ。

３）マーケティング部門と販売部門の関係

　マーケティング部門と販売部門のコミュニケーションとコラボレーションのレベルを、次頁の表2-24を使って判定してみよう。

　両部門の責任者やスタッフに、それぞれの質問に5段階で評価してもらう。表の「解」の欄に、次のように点数を記入する。

　「1」全く当てはまらない　　「2」当てはまらない

　「3」どちらともいえない

　「4」当てはまる　　　　　　「5」全くその通り

　合計点からマーケティングと販売部門の関係を判定できる。高得点であればあるほど、両部門のきずなは強い。「合計点」の得点レベルの評価は、次の通りである。

　　　20〜39：独立独歩、40〜59：役割と責任を分担し合う、

　　　60〜79：連携、　　　80〜100：一体化である。

注1)「日本のこれから、日本人のこれから」藤原正彦氏　日本経済新聞 2002/12/31

第2章　マーケティングへのアプローチ

<表 2-24>マーケティングと販売の関係

No	質問	解
1	販売実績と売上予測が、乖離することはほとんどない。	
2	販売実績が、売上予測を下回ったり、失敗したりすることがあっても、マーケティングと販売が責任のなすり合いをすることはない。	
3	マーケターは、お得意様への販売に同行する。	
4	マーケティング戦略を策定する際、販売部門に参加を要請する。	
5	販売担当者は、マーケティング部門の作成したカタログ類が売上向上に寄与したことを評価している。	
6	販売部門は、マーケティング部門の要請に応じて、積極的にフィードバックを提供する。	
7	マーケティングと販売の間には、数多くの共通言語がある。	
8	アイデアの発案、市場動向の追跡、製品開発などの戦略テーマについて、両部門が定期的に協議している。	
9	セグメント別の購買行動の調査では、両部門の協力体制が敷かれている。	
10	合同会議では、意見の対立やいざこざを収拾することに多くの時間を費やす必要がない。	
11	両部門の責任者が協力して、3年以上先に上市する製品やサービスの事業計画を作成する。	
12	両部門の成果を協議し、共通の尺度で評価する。	
13	お得意様への販売戦略の策定や実行に、マーケティング部門も積極的に参加する。	
14	市場動向の調査から顧客サービスに至るプロセスの決定と管理に、両部門が共同で当たる。	
15	販売プロセスから得たデータの分析と活用にマーケティング部門が協力し、売上予測の精度と販売実績の達成率を高めている。	
16	両部門の間で「運命共同体である」ことが強く意識されている。	
17	両部門のスタッフは、最高MK収益責任者や最高販売顧客責任者などの配下で、一律に置かれている。	
18	両部門の人材交流が、盛んである。	
19	研修、イベントなどの研修プログラム等が、両部門共同で実施される。	
20	マーケティングと販売が、それぞれの事業計画を経営陣に説明する際、協力して準備する。	
	合計点	

第6節　卸売業のマーケティングと販売

出所『マーケティングの教科書－ハーバード・ビジネス・レビュー戦略マーケティング論文ベスト10』26頁～27頁

第2章の参考図書

データ等の出所は都度記載しているが、マーケティングの参考図書としては次のような図書がある。

1.『マーケティング・エッセンシャルズ』F.コトラー著 宮澤等共訳 東海大学出版会 昭和61年5月

2.『コトラーのマーケティング3．0　ソーシャルメディア時代の新法則』コトラー等共著 恩蔵監訳 朝日新聞出版 2010年9月

3.『コトラーのマーケティング4．0　スマートフォン時代の究極法則』コトラー等共著 朝日新聞出版 2017年10月

4.『新版ＭＢＡマーケティング』グロービス・マネジメント・インスティテューション編著　ダイヤモンド社 2007年3月

5.『ビジュアル図解 ヒット商品を生む！消費者心理のしくみ』梅澤伸嘉著 同文館出版 平成22年

6.『マーケティング戦略［第4版］』和田、恩蔵、三浦著 有斐閣 2012年3月

7.『わかりやすいマーケティング戦略［新版］』沼上幹著 有斐閣 2015年1月

8.『マーケティング・ビジネス実務検定アドバンスト版テキスト第3版』国際マーケティング協会 平成27年10月

9.『販売士1級［第2版］』清水、大宮、佐藤共著 税務経理協会 平成28年1月

10.『サービス・ドミナント・ロジックの発想と応用』R.F.ラッシュ＆S.L.バーゴ著 井上監訳 同文館出版 平成28年7月

157

第 2 章　マーケティングへのアプローチ

11.『サービス・ドミナント・ロジックの進展－価値共創プロセスの市場形成
－』田口尚史著同文館出版　平成 29 年 3 月

12.『サービス・ロジックによる現代マーケティング理論－消費プロセスにお
ける価値共創へのノルディック学派アプローチ－』C. グルンルース著　蒲生訳
白桃書房　2017 年 6 月

13.『新訳ハイパワー・マーケティング』エイブラハム著 KADOKAWA 2017 年 10
月

14.『マーケティングの教科書－ハーバード・ビジネス・レビュー戦略マーケ
ティング論文ベスト 10』ハーバード・ビジネス・レビュー編　ダイヤモンド社
2017 年 12 月

15.『ＡＩvs. 教科書が読めない子どもたち』新井紀子著　東洋経済新報社　2018
年 3 月

第3章
リテールサポートへの
アプローチ

第3章　リテールサポートへのアプローチ

第1節　米国のリテールサポート

1．米国卸売業のリテールサポート開発史

1）1900年代

　米国のトイレタリー業界の流通システムは、1900年代初頭迄、基本的にはグロサリー卸売業という「業種縦割り型」の卸売業によって担われていた。

　1900年代に、小売業の本格的な経営革新が起きることによって、卸売業の崩壊と再生が始まる。その流れを概括してみると、今日言われている「リテールサポート」の原点や、日米の流通の違いが浮かび上がってくる。

　米国卸売業の歴史は、小売業が新しい経営革新手法として、「チェーンオペレーション」を開発したことに端緒がある。Ａ＆Ｐに代表されるように、1900年代初めに成長した「エコノミーストア（グロサリーストア）」のチェーンストアが、全米で急成長してきた。

　チェーンストアの最大の目的は、仕入を集中化して、仕入コストの削減にある。そのために、小売業は、仕入のボリュームを大きくして、卸売業に対して、納入価格の引下げを徹底して要請していた。卸売業は、品揃えの幅の狭さもあり、収益の悪化をもたらすことになった。

2）1930年代
(1)スーパーマーケット誕生と卸売業の衰退
①スーパーマーケットの成長
　1929年10月24日（木）及び10月29日（火）に、米国ニューヨー

ク市場で株価が大暴落した。米国国内の過剰生産に端を発して、金融
危機を引き起こした。1930年から登場する業態「スーパーマーケット」
は、その競争力と、不況に喘ぐ消費者の圧倒的な支持に支えられ、急
速に成長することになった。スーパーマーケットは、基本的には、食
品のディスカウンターである。スーパーマーケットの成功は、既存の
エコノミーストアを展開しているチェーンストア企業にとって、店舗
をスーパーマーケットに転換することに拍車をかけることになった。

②卸売業の疲弊

　スーパーマーケットの卸売業に対する納入価格引下げ要求は、激し
さを極めることとなった。相次ぐ納入価格の引下げ要求の中で、卸売
業は疲弊しきっていった。当時の新聞記事に、「地獄の苦しみを味わう
卸売業」という記事が掲載されている。

③スーパーマーケットとメーカーの直結

　スーパーマーケットは、卸売業からもはや一滴も搾り取ることがで
きないとわかると、次は、メーカーに要求の矛先を直接向けることに
なった。スーパーマーケットが、メーカーと直結する端緒になった。
卸売業は、スーパーマーケットとの取引の場から完全に弾き飛ばされ
ることになった。

(2)1936年ロビンソンパットマン法とコーペラティブチェーン

①ロビンソンパットマン法の誕生

　スーパーマーケットの動きは、メーカーにとって、せっかく確立し
ようとしていた「ブランド戦略」を壊すものだった。メーカーは、徹
底的に抵抗をしていく。例えば、次のことを行った。

・州政府に働きかけて「再販売価格維持法」の立法化を実現

・中小食料品店と連携して、価格競争を阻止する運動を展開

しかし、消費者の支持をバックにしたスーパーマーケットの圧力を覆すことはできなかった。こうした混乱期に終止符を打ったのが、1936年に制定された「ロビンソンパットマン法」である。この法律は、「差別対価禁止法」とも呼ばれ、同じ条件であれば、価格に差をつけてはいけないという法律である。この法律では、買い手側の単なる交渉圧力で、低価格を引き出すことができなくなる。と同時に、小売業のやり方によっては、次のことを意味している。

・仕入れのボリュームを実現するか、あるいは

・支払条件を改善して、スーパーマーケットと同じ条件を実現すれば、納入価格は同じになる。

②コーペラティブチェーンの誕生

　この法律がきっかけとなり、スーパーマーケット（レギュラーチェーン）と対抗するために、各地で独立した小売業同士の水平的連携、即ち、仕入共同化等の動きが活発になった。この発展が、小売業のチェーン組織、即ち、「コーペラティブチェーン（小売主宰ボランタリーチェーン）」である。つまり、独立した小売業同士でチェーン本部を作り、スーパーマーケット（レギュラーチェーン）と戦える組織を作ろうという動きである。

(3)卸売業の模索

①共同仕入組織

　卸売業は、前述したように、スーパーマーケットとの取引から外された。そのために、卸売業は、彼ら自身で「共同仕入組織」を作って、価格競争力をつけようとした。しかし、現実的な問題として、販売先が中小食料品店であったので、販売力が低下する中で、共同仕入を行っても、販売ボリュームを確保することができなかった。このため、

「共同仕入組織」は、機能を発揮することができなかった。

②ボランタリーチェーン

　残された道は、卸売業が中小食料品店と手を組むことであった。コーペラティブチェーン（小売主宰ボランタリーチェーン）は、小売業の同士的結合組織である。それに対して、卸売業が中小食料品店のチェーン本部の役割を担う。その本部の支援を受け、競争力を強化したい小売店を加盟店として、組織化していこうということになった。いわゆる「卸主宰ボランタリーチェーン」の誕生である。ここから卸売業の新しい革新に向けての活動が始まる。

　卸売業は、レギュラーチェーンやコーペラティブチェーンと、独立小売業との間に、競争力の格差がなぜあるのかを分析することから始めた。調査の結果、両者の間には低価格仕入の実現度合や、本部からの様々な支援活動に、格差があることが明確になった。

　卸売業は、卸主宰のボランタリーチェーンがレギュラーチェーンと同等、ないしはそれ以上のレベルでこれらを実現しない限り、生き残ることはできないことをはっきりと認識した。では、これらの課題に対して、卸売業はどのようなことを展開したのであろうか。

3）リテールサポートへの道

(1)品揃え

　卸売業は、これまで伝統的な業種卸の立場から、品揃えはグロサリーに限定されていた。これではチェーン本部としてのマーチャンダイジング支援が十分にはできない。

　まず、品揃えの強化である。卸売業の自助努力で、生鮮食品と乳製品等の温度管理商品（ペリッシャブル商品）を品揃えに加えた。

第3章　リテールサポートへのアプローチ

　次に、ノンフード（ジェネラルマーチャンダイズ、ヘルス＆ビューティエイズ）等を品揃えに加えた。

　当時、ノンフードに関して、低回転商品であり、多品種であることから、専門卸売業が、中間流通機能を担当していた。この専門卸売業は、いかに小売店の売場の生産性を高めることに貢献すべきかについて検討し、新しい卸売業態を開発した。それが、ラックジョバーであり、その後、サービスマーチャンダイザーと呼ばれた卸売業である。彼らは、小売業の当該商品の売場について、品揃えと店頭作業を一切任してもらい、売場の売上と利益についてギャランティ（保証）する卸売業である。こうして、ノンフード業界の卸売業は激動期を乗り切ってきた。

　さて、卸主宰のボランタリーチェーン本部を志向してきたグロサリー卸売業は、どうしてこのカテゴリーを自社の品揃えに加えてきたのだろうか。その方法は、このカテゴリーの専門卸売業であるサービスマーチャンダイザーを買収する方法で品揃えに加える方法をとった。

　このようにして、スーパーマーケットの品揃えの90％以上をカバーできる体制を構築していった。

(2)物流システム

　次に、卸売業が挑戦したのが、物流システムである。米国の取引制度は、ロビンソンパットマン法に代表されるように、コストプラスオン方式である。この点が、日本の取引制度と異なる。日本では、コスト込み方式になっているので、小売業が卸売業に各種のサービスを要求することになる（図1-1「日本と欧米の納入価格」28頁を参照）。

　コストオン方式の卸売業として、加盟店に対して低価格仕入を保証するためには、仕入のボリュームと仕入方法による仕入価格の低減と

第1節　米国のリテールサポート

ともに、オンチャージ部分としての物流コストの最小化が必要条件になる。つまり、ローコスト物流が実現できなければ、本部としての機能を失うことになる。そのために、彼らは、徹底して物流コストの低減に取り組むことになる。具体的にしたことは、次の点である。

　まず、米国の卸売業の倉庫で気づくことであるが、どこの倉庫に行っても、倉庫作業員に対して徹底した生産性の管理を行っている。つまり、倉庫が機械化しているとかではなくて、コストコントロールが徹底されていることが特徴である。目標コスト率に対して、それを維持するためには、それぞれの作業でどの程度の生産性が維持されていなければならないのかを管理している。

　加盟店においても、物流条件の要求はすべて自社の仕入価格に跳ね返ってくることから、卸売業と最もコストが下がるレベルでサービスレベルを設定している。

(3) オペレーションノウハウ構築と人材育成

　こうした基盤を整備することに全精力を投入したのち、本格的な本部としてのオペレーションノウハウの構築に向けての挑戦が始まる。

　最初に行ったのは、リテールカウンセラーの育成である。レギュラーチェーンの有能なストアマネジャーをヘッドハンティングすることで、人材確保を行った。その人材に対して、独立店の指導技術を徹底教育して、ストアカウンセラーとした。

　次に、各カテゴリー別のスペシャリストの確保と育成を行う。基本的には、レギュラーチェーンのマーチャンダイザー（MD）をスカウトすることで人材を確保している。

　このように、卸売業は、オペレーションノウハウ構築の立ち上がりに当たって、小売業のノウハウを持った人材をスカウトするといった

165

第3章　リテールサポートへのアプローチ

現実的な方法をとった。その後、こうした人材を核として、本部ノウハウの確立と人材の育成を図った。

4）リテールサポートメニューの開発

(1) 1 9 6 0 年代

　1960 年代になると、ディスカントストアや大型スーパー等が成長し、中小スーパーが不振に陥った。これを得意先としていた卸売業は厳しい経営状況に陥った。

　事態を打開するために考えられたのが、中小スーパーに対してリテールサポート活動を実施し、卸売業自身が活性化を図っている。自社をホールセール（卸売業）から「リテールサポートサービスカンパニー」と称して変身している。販売員は「リテールカウンセラー」又は「スーパーバイザー」と呼称している。リテールサポートを事業の中心に展開した。

　各種の「リテールサポートメニュー」の開発を行うことになる。スタート直後のメニューを見ると、基本的なレベルであり、次のような小売業の業務代行的なサービスが中心であった。

・加盟店のチラシの印刷

・競合店の価格調査

・保険の代行

・経理処理の代行等

(2) 1 9 7 0 年代

　1970 年代に入ると、急速に情報武装化が開始される。

・EOSによる店舗からの受注や、POSの店舗導入支援

・HOPEシステムに代表される店舗の棚割管理をシステム化

第1節　米国のリテールサポート

・店舗デザイン設計等出店に当たっての各種支援等本格的なサポート
が展開されるようになる。

(3) １９８０年代

　新しい業態開発のノウハウも確立されていった。さらに、次のよう
な担い手として、卸売業の位置付けを強固にしていった。

・カテゴリーマネジメント：小売店の売り場において商品の取り揃え
や商品の配置を管理すること。

・ＥＣＲ(efficient consumer response)：食料品のサプライチェーン
内のコスト削減を目的に、小売業、卸売業、メーカーが提携し、緊密
な共同作業を行う。衣料品ではクイック・リスポンス(QR)という。

・ＳＣＭ(supply chain management)：86頁参照

(4) １９９０年代以降

　市場の巨大化に対応して、店舗の個店対応が図られた。

　また、サービス・システムのレビューがされるとともに、コストプ
ラスによる有料化が図られるようになった。

　ウォルマート等のマスマーチャンダイザー対策が図られた。価格政
策の転換が行われ、ＡＢＣ(activity based costing 活動基準原価計
算)が導入された。

２．米国リテールサポートメニュー

　米国卸売業の代表であるスーパーバリュー社は、リテールサポート
メニューに関して、15の領域からなる100のプログラムを有している
（表3-1次頁）。顧客は、その中から自分のニーズに合ったサービスを
選択し、利用できるようにしている。

第 3 章　リテールサポートへのアプローチ

<表 3-1>スーパーバリュー社のリテールサポートメニュー

	領域	プログラム
①	広告と販売促進	媒体戦略及び実施、テレビ及びラジオのCM制作、PR紙の作成、POPのデザイン及び製作、コピーライティング等
②	消費者調査	電話調査、インタビュー調査、戦略的小売店計画等
③	小売店トレーニング	小売店の経営者と従業員を対象にしたトレーニングの実施、店舗運営、マーチャンダイジング、部門管理とマーチャンダイジング、POSデータ、顧客関係、財務報告分析、店内衛生管理等
④	小売業カウンセリング	店舗のコンセプトと業態についてのカウンセリング、店舗全体の診断、部門別マーチャンダイジングとマネジメントサービス、財務報告の専門評価
⑤	人事における援助及び助言	雇用、トレーニング、福利厚生、規定と政策マニュアル、政府規制等
⑥	労働関係の助言	規定と規律、懲戒規定、労使関係の維持、交渉、仲裁、苦情処理等
⑦	リテール・エレクトロニクス・システム	エレクトロニック・システムの評価と導入カウンセリング、商品と棚のプライスラベル・プログラム、顧客別プライシング、顧客別プライシング・ファイルのメンテナンス、POSシステムの接続サポート、POSデータ・レポート・サービス、EOS、店舗直送品のサポートプログラム、賃金データのトランスミッション、店舗管理用パーソナルコンピュータ（略 PC）の使用トレーニング、PC のアプリケーション等
⑧	会計システム	在庫金額の計算、クーポンの金額計算と立替払いの処理、税の処理、請求支払い書の作成、財務報告書の作成、予算書の作成等

168

第1節　米国のリテールサポート

⑨	労働スケジュール	部門別の労働計画システム、スケジュール等
⑩	マーチャンダイジング・サービス	週毎のマーチャンダイジング及び販売促進計画、ＰＢ、ジェネリック(ノーブランド)、加工食品、生鮮食品、商品の品質保証等
⑪	開発サービス	市場戦略研究と立案、市場分析、市場シェア拡大のためのプログラムと方法論、小売店のポジショニングと戦略立案、コンピュータによる店舗立地システム、新店・アップグレード店の売上予測、施設の5か年計画、事前評価、リース交渉、資産開発、利益管理、財務カウンセリング、通常財務と免税財務の手引き、什器の資金手当てとリースの援助等
⑫	店舗の設計、デザイン、設備サービス	
⑬	工事及び建設サービス（プランマーク）	用地計画と工学研究、デザインサービス、建設請負の管理、プロジェクト管理サービス等
⑭	保険（リスクプランナー）	総合保険代理店、スーパーマーケット経営者対象の総合保険プログラム、資産と債務保険、店舗ロスの防止、保険、請求、リスクマネジメントの専門的カウンセリング等
⑮	その他のサービス	税金のカウンセリングと資産計画、流動資産管理カウンセリング、銀行取引の仲介、資金の集中化の手助け、小売店諮問評議会等

出所『アメリカ流通概要資料 2015 年版』流通経済研究所。一部編集。

第3章　リテールサポートへのアプローチ

3．米国のリテールサポートを学ぶ

(1)卸売業の社是

　卸売業の社是の一つを紹介しておく。"Our Business is Your Success. Not Wholesaler."と、高らかに卸売業からの脱皮を宣言している。中間流通業として、得意先の成功に貢献し、ビジネスの根幹にすることを主張するまでになった。

　また、リテールサポートメニューを代表する言葉として、「フルターンキー」がある。新店の店主（店長）に、開店時に鍵を渡す時に使われた言葉である。店舗経営のすべてがリテールサポートによって用意されていることを物語ることとして使われていた。

　米国のリテールサポートの誕生までの経緯を振り返ってみると、米国の卸売業が幾度となく起きる経営危機をバネにして、経営の体質を革新している。例えば、店舗を丸ごと革新するために品揃えの幅を拡大して業態転換することや、物流革新を行っている。今日、整然としたリテールサポートメニューを見ているが、その過程における米国卸売業の経営革新及びその経営戦略を改めて学ぶことができる。

(2)日本卸売業と米国リテールサポート

　日本では 1980 年代を中心に、食品卸売業や日用品卸売業の一部が、米国の卸売業を訪問したり、リテールサポートのノウハウを米国から導入したりしている。例えば、菱食（現三菱食品）[1] は、1985 年 11 月に、米国の大手食品卸フレミング社と、ＩＴ活用技術等の取得を目的に、業務提携している。

注1）出所『環境対応業　食品卸とサプライチェーンの 300 年　下巻』横田弘毅著 食品新聞社 2016 年 7 月 31 日

国分の社史『国分三百年史』や同じく社史『日本橋で三百年』を読むと、リテールサポートを意識して経営していることがわかる。

花王は、流通政策研究所と組んで、1985年及び1986年に、数次に亘りスーパーバリュー社等の主要な卸売業や小売業を訪問し、リテールサポートの実態を視察している。また、店舗運営を行った。

第2節　日本のリテールサポート

1．リテールサポートの実態

日本の卸売業5社が、ホームページで公表しているリテールサポートに関連する内容を掲載する。リテールサポートを直接的に公表しているのは、三菱食品や国分である。他社は、リテールサポートの呼称を変える、あるいは、内容がリテールサポートに相当している。

1）三菱食品株式会社

マーケティング：変化する食市場を的確に捉え予測するために、社会・経済・生活と消費の動向を幅広く分析。

当社の企業活動にフィードバックし、小売業を中心とした御取引先様への各種提案活動の基盤としています。

(1)MEGA TRENDS—消費動向の分析とメガトレンドの予測

～社会・経済・消費の変化を捉え、「メガトレンド」から食品市場を予測～

「社会・経済、生活・消費の各種調査データ」と「独自の食品の消費・販売動向」を合わせて分析し、社会や生活のメガトレンド（変化

第3章　リテールサポートへのアプローチ

の潮流）を抽出。食市場の近未来の予測を行い、お取引先様の経営に
役立つ情報を提供しています。これをベースにして「シニア対応」、
「働く女性対応」、「消費税率アップ時の対応」など具体的なMD提
案を行っています。

(2)Lifestyle Marketing
－生活者のライフスタイルに基づく購買実態分析

　ライフスタイルマーケティングの取り組みにより、生活者の多様な
ニーズを捉えます。ライフスタイルの多様化、商品の多様化、消費ニ
ーズの高度化が進行する中で、生活者のライフスタイルと消費ニーズ
の理解に基づく商品の提供が求められています。生活者の「実際の購
買行動」の分析から「10の生活者タイプ」を抽出し、独自のライフス
タイルマーケティングを実践的に展開しています。

(3)リテールサポートのプラットフォームとなる「集計・分析・提案ツ
ール」

　当社では、POSデータ分析やID-POSデータ分析などをはじめとした
多彩な集計・分析・提案ツールを活用しています。さまざまな視点か
らの分析により、リテールサポートのプラットフォームとして信頼性
の向上に努めています。

・マクロマーケティング分析（市場見通し・カテゴリー・商品動向）
・消費動向、消費トレンド分析
・ライフスタイルマーケティング
・POS、ID-POSデータ分析
・O2O対応販促支援

(4)多数の実績を積み重ねてきたデータ分析に基づく「売場づくり」
のリテールサポート

第2節　日本のリテールサポート

　多数のお客様へのリテールサポート活動で積み重ねてきた実績とスキル、独自のマーケティング活動、データ分析に基づき、出店時の支援や商品の棚割・販促支援など、小売業様の課題解決に向けた実践的な提案を行っています。

(5)地域の消費ニーズ・消費動向を捉えた提案

　地域に密着して配置した営業担当者、マーケティング担当者により、地域の消費ニーズや消費動向を捉え、より効果が期待できる実践的な提案を行っています。

(6)リテールサポートメニュー

リテールサポート		提案・実施内容	提供データ/ツール
新規出店/改装	・ターゲット顧客提案 ・ゾーニング・レイアウト提案	・商圏分析 ・POS、ID-POS分析 ・生活者アンケート調査	・ライフスタイル別生活者分液生活者グループ分析 ・地域毎の消費動向分析
定番、品揃え	・品揃え改善提案 ・棚割り提案	・改善提案 ［棚割り、販促52週MD］ ↓	・新商品情報 ・地域商材 ・地域毎の商品動向分析 ・カテゴリートレンド ・カテゴリーレポート
販促、52週MD	・販促提案 ・売り場活性化提案	・改善の実施 ↓ ・検証 ［POS, ID-POSデータ検証］	・地域毎の消費動向分析 ・食・メニュートレンド情報 ・同時購買分析 ・食ラボ、魚ラボ ・メニューデータベー
集客/顧客ロイヤルティアップ (O2O対応)			・メディア連動企画 ・POPチャンネル ・ご当地ヒーローマネキン販促提案
商品開発支援		・生活者アンケート	・上記の各種情報

出所：三菱食品ホームページ（2017/12/19現在）

第3章　リテールサポートへのアプローチ

２）国分グループ本社株式会社

(1)マーケティング機能

　生活者の「こころ豊かなくらし」を提案します。

　国分グループのお取引先は、酒類食品製造業、スーパーマーケット、コンビニエンスストア、百貨店、ドラッグストア、独立小売業、酒販店、ネット通販、外食チェーン、料飲店など多岐にわたります。

　卸売業は、食の製造と販売を繋ぐ結節点。「何が売れて、どうやれば売れて、どうすれば集客できるのか」。

　製造現場での安全・安心、商品開発の支援から、小売店頭で生活者の皆様が楽しく食品をお買い求めいただけるまで、食を扱うすべてのお客さまの多様なニーズを読み解き、商品、物流、サービスを創造・提供することで、お客さまと共に歩んでいきます。「欲しいモノを欲しい人にお届けする」機能こそ、問屋の原点なのです。

(2)商品から棚割り、売場、そして「くらしそのもの」の提案へ

　少子化・高齢化が進み、単身世帯、ふたり世帯が過半を超える今、消費の実態は急速に変わっています。将来を見据えてどのような策を講ずれば、時代の流れやニーズに対応できるのか。「売れている」という事実だけでは生活者の心をつかむことはできません。

　新商品の開発、お客さまに支持される品揃え、探しやすい売場、価格戦略等。生活者を研究し、顧客満足を得るための「品揃え」「棚割」「販促」「価格」「サービス」「独自性（＝地域 MD）」などを考え、売場の「ホスピタリティ」の有るべき姿を描き、ご提案をしていきます。

(3)生活者の「今」を聞いて「TK」（＝「トレンド」と「兆し」）を読み解くマーケティング

第2節　日本のリテールサポート

　企業戦略立案の上で、最も重要なのは、未来。

「将来をイメージしながら，これからの方向性を決めていくこと。予測される困難に、先んじて対策を講じていくこと。」が求められます。私たちは「食の未来を読み解くマーケティング活動」として、2つの取組みをしています。

　1つ目は、食品マーケット全体を俯瞰する望遠鏡的な視点で将来を考えていく「TKブリッジ」プロジェクト。

　もうひとつは、食品、菓子、酒、日配、惣菜等々、それぞれのカテゴリーについて顕微鏡的な視点で、動向を掘り下げる「未来予測」プロジェクト。

　どちらの取組も様々なデータ分析に加え、アンケート調査や生活者参加型のコンテストなどから生活者の本音（インサイト）をX線的な視点で可視化させ、マーケットを読み解いていきます。

　一番大切なのは「売場・現場への落とし込み」。これらを情報提供だけではなく、具体的な提案につなげていくことこそ、「食のマーケティングカンパニー」の最大の役割です。

(4)国分九州株式会社（注. 地域会社の事例として取り上げる）

①マーチャンダイジング機能

　国分グループは、生活者の視点を出発点に、加工食品、酒類、冷凍・チルド食品、菓子、生鮮3品など約60万アイテムを品揃えしています。社会環境やライフスタイルの変化にともない、食の嗜好はさらに多様化し生活者が求める商品は、より複雑になっていきます。こうした新たなニーズに対応し、「問屋の目利き」によって全国各地、そして世界から商品を厳選・調達し、提案していきます。

175

第3章　リテールサポートへのアプローチ

②国分九州の独自機能

　国分九州では九州、沖縄ならではの商品の発掘、メーカーとの取引を積極的に進めています。自治体や行政とも情報交換し、お得意先の定番で取り扱っていただけるような商品をしっかり提案していきます。また、地元の大学と産学連携の商品開発にも取り組んで、九州地区に根差した商品開発をこれからも進めていきます。

③リテールサポート機能

　国分グループのお取引先は、多岐にわたります。

　卸売業は、食の製造と販売を繋ぐ結節点。

　「何が売れて、どうやれば売れて、どうすれば集客できるのか」。製造から小売店頭で生活者のみなさまが楽しく食品をお買い求めいただけるまで、食を扱うすべてのお客さまの多様なニーズを読み解き、お客さまと共に歩んでいきます。「欲しいモノを欲しい人にお届けする」機能こそ、小売業支援=リテールサポートという問屋機能の原点です。

国分九州の独自機能

　九州ならではの地域性、季節感、食文化、歴史を考えてお客さまにご提案していきます。『いつ、どこで、何を、どのように、どれくらい』を、積み上げてきたノウハウを活かし、商圏分析・商品提案・棚割提案・販促企画提案等を通じて、お得意先の繁栄に貢献していきます。

第2節　日本のリテールサポート

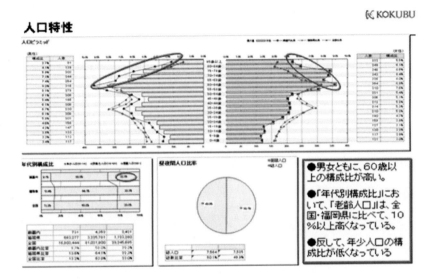

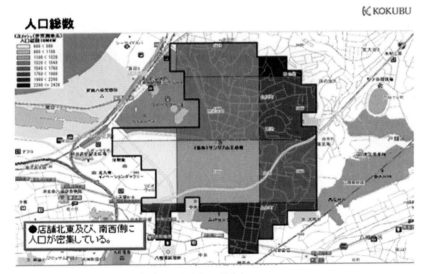

出所：国分ホームページ（2017/12/19 現在）

第3章　リテールサポートへのアプローチ

3）株式会社スズケン
(1)開業支援
　新規開業の構想段階から開業直前の医薬品、医療機器等の選定まで、経験豊富なスタッフが総合的にご支援します。また、昨今ニーズが高まっている第三者承継等についてもお気軽にご相談ください。
①開業までの流れ
一般的な開業までの流れは、図のようになります。

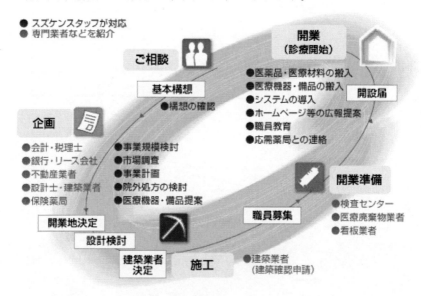

②スズケンがお手伝いできる主な項目
　新規開業の構想段階から開業直前の医薬品、医療機器・材料・備品の選定まで総合的にご支援します。また、昨今ニーズが高まっている第三者承継についても経験豊富なスタッフがご支援します。お気軽にご相談ください。

第 2 節　日本のリテールサポート

開業地選定のサポート
　立地調査から診療圏調査（推定患者数の算定）などにより、最適なプランをご提案します。
事業・資金のサポート
　診療方針ならびに経営方針に基づき、採算性を重視した事業プランをご提案します。
設計・建築のサポート
　患者さんに好まれるアメニティを追求したレイアウトをアドバイスします。また、医療に関して経験豊富な設計士、建築業者をご紹介します。
　(2) 開局支援
　開局のトータルアドバイザーとして、プランニングをはじめ、開業地選定、事業資金計画、設計・建築、スタッフ募集のサポート、医薬品・医療機器の選定、広告宣伝、スタッフ研修のご提案、諸手続きに関するアドバイスなどを外部の専門家とも連携して効果的にサポートします。
①開局までの流れ
　一般的な開局までの流れは下図のようになります。

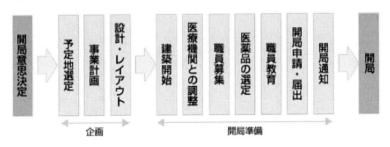

第3章　リテールサポートへのアプローチ

②開局に際してスズケンができること

　以下の準備をお手伝いします。お気軽にご相談ください。

a. 収支シミュレーションのご提案

　処方元診療科目、処方せん枚数により収入を算出します。人件費・リース費・光熱費・消耗品費などにより支出を算出し、最適な開局プランをご提案します。

b. 職員教育研修のお手伝い（接遇勉強会など）

　DVD などを使用したお得意さま向け研修など、ニーズに合わせて多種多様な研修ツールをご提案します。

c. 薬剤在庫管理システムのご提案

　お得意さまの在庫管理精度を高め、欠品によるビジネスチャンスを逃さないよう、適正在庫の設定をお手伝いします。

d. 医療機関との調整のお手伝い

　使用する医薬品の確認、麻薬の使用有無、疑義照会のルールなど処方元医療機関との綿密な情報交換を仲立ちします。

e. 設計・施工業者のご紹介

　患者さんに愛され、スタッフが働きやすい機能的な薬局づくりのため、経験豊富な信頼ある業者をご紹介します。

f. 医療圏調査

　地域の医療機関・薬剤ニーズ、人・交通の流れなどを把握して、開局場所の参考にしていただきます。

g. ホームページのご提案

　患者さんとのコミュニケーションツールとしてのホームページをご提案し、地域の「かかりつけ薬局」を目指すお手伝いをします。

出所：スズケンホームページ（2017/12/19 現在）

4）株式会社PALTAC

(1)ストアソリューション

〜潜在需要の開拓と顕在需要の深耕化を図るマーチャンダイジング機能〜

PALTAC は、小売業様の問題解決に貢献できる企業を目指して、「ストアソリューションビジネス」に取り組んでいます。商品構成や収益管理の基本となる「カテゴリー」の設定は、PALTAC のマーチャンダイジングにおける重要なポイントです。

当社ではカテゴリーごとの専門スタッフが情報を分析し、最適な商品計画の実現と維持を行っています。

また、「商品管理」から「陳列」、「品目改廃」まで、効率的かつ効果的な店頭マーチャンダイジングによる売場の生産性向上をサポートしています。営業スタッフは、これら自社データベースなどの各種情報、小売業様の店舗ロケーション、POS 情報などを総合的に判断し、商品、物流や情報システムなど、各部門の専門スタッフと連携しながら、棚割、プロモーション企画などの売場づくりや最適なストアオペレーションをご提案します。

(2)マーチャンダイジングサポート

〜小売業様の店頭活性化と戦略策定に貢献〜

マーケット情報に基づき、消費者視点に立った商品構成・品揃えを実現する「品揃え分析」、また管理単位ごとの効果的な商品構成と棚割りを提案する「カテゴリー分析＆アロケーション」で店頭戦略をサポートします。

第3章　リテールサポートへのアプローチ

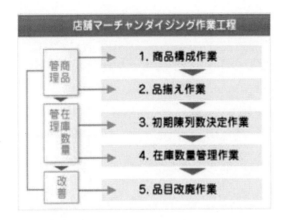

サポート事例
a. 商圏分析によるターゲット顧客の特定
b. プラノグラム（棚割）作成
(3) 店舗効率化サポート
　〜店舗作業の最適化で生産性向上に貢献〜
　小売業様と商品情報を共有化し、販売傾向、需要予測に基づく適正在庫および発注サイクル最適化を当社独自の開発システムにより分析しご提案。小売業様の生産性向上をサポートします。
サポート事例
a. 部門別営業利益算出ツールによる部門管理サポート
b. 売上スペース分析による適正在庫把握
(4) 情報提供サポート
　〜最新情報を小売業様専用サイトで一括ご提案〜
　消費や商品トレンド、販促プランなど、店頭活性化に貢献する最新情報を、小売業様専用Webサイトを通じて発信しています。
出所：ＰＡＬＴＡＣホームページ（2017/12/19現在）

第2節　日本のリテールサポート

5）花王カスタマーマーケティング株式会社
(1)花王グループの販売部門

　花王グループは、"よきモノづくり"を通じて「人々の豊かな生活文化の実現に貢献」することを使命としています。"よきモノづくり"には、「研究開発」「マーケティング」「生産」「物流」「販売」というプロセスがあります。花王グループでは、グループ各社・各部門が相互に連携し、このプロセスをつくり上げています。
　その中で、花王カスタマーマーケティング（花王 CMK　Kao Customer Marketing）は、花王と消費者をつなぐ「販売」という最終プロセスを担っています。

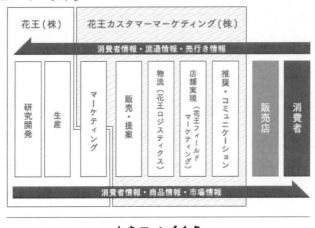

(2) 花王カスタマーマーケティングの役割
　花王グループは、研究開発から消費者の手に商品がわたるまでの流れを一貫して行うことで、情報のスピード、質、量ともに他社にはない強みが生まれる体制をとっています。

183

第3章　リテールサポートへのアプローチ

　その中で、花王と花王CMKは、マーケティングをはじめとする様々な機能間で連携をとり、つねに情報交換をしながら、ブランドを育て上げることに取り組んでいます。

　花王CMKの役割は、商品と消費者をつなぐ"小売業様の売場"で、ブランドの持つ価値を消費者の皆様に正しく伝えることです。具体的には、商品陳列、売場演出、プロモーション手法、推奨・カウンセリング方法などを各小売業様の特性やニーズに合わせて提案。それを小売業様との協働で実現することにより、消費者にその商品を使って満足していただくことです。

　このように花王CMKは花王と消費者をつなぐ"よきモノづくり"の最終段階という重要な役割を担っています。

(3)カスタマーと向き合っていく

　花王グループの「カスタマー」とは、商品をお使いいただく消費者の皆様と、商品をお取り扱いいただく小売業の皆様を指します。カスタマー（消費者と小売業）の立場にたった"よきモノづくり"を支えるのは、企業理念「花王ウェイ」です。中長期にわたる事業計画の策定から、日々のビジネスにおける一つひとつの判断にいたるまで、「花王ウェイ」を基本とすることで、グループの活動は一貫したものとなります。

出所：花王カスタマーマーケティングホームページ（2017/12/19現在）

第2節　日本のリテールサポート

２．リテールサポートの今後

１）卸売業の機能と生産性
(1)卸売業の機能
　卸売業の機能を総括すると、下図のように商流、物流、情報流、金流の４大機能として表せる。前項では日本の代表的卸売業で公表されているリテールサポート機能を取り上げた。卸売業の機能は、メーカーや小売業において十分に利活用できる。例えば、メーカーであれば、商品販売の代行業務や、商品の保管・出荷業務である。小売業であれば、チェーンストアの商品本部業務代行機能や店舗運営業務代行機能がある（図2-15「小売業の組織図」の例参照96頁）。詳細については、拙著『卸売業の経営戦略課題』の第６章第５節リテールサポートと、第６節機能の事業化で述べている。

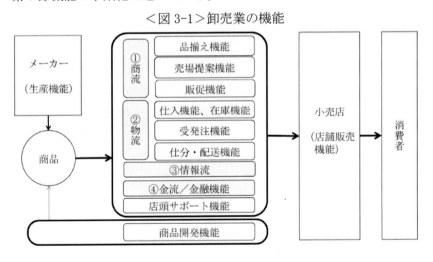

＜図3-1＞卸売業の機能

第3章　リテールサポートへのアプローチ

(2)流通業の生産性と重複性

①日米流通業の生産性の差異

　日本の流通業の生産性が、米国に比して67.5%と低い。卸売業においては流通構造の違いからであった。日本では卸売業がピース仕分まで行って小売業に納品している。その詳細は、拙著『卸売業の経営戦略課題』第5章補論や『物流自動化設備入門』に記している。

　小売業においては、第2章第3節「流通チャネル」の「4.小売業の生産性」（99頁〜100頁）で明らかにしたように、日米を比較すると、店内作業の仕方、即ち、作業工程に違いがあり、生産性は低い。事例の生産性では、対米比率53.2%になっている。

②流通業の重複性

　日本の卸売業と小売業の機能は、重複している。それがために、生産性が悪い面がある。つまり、卸売業の商流機能である品揃え、売場作り、販促機能等は、小売業の商品本部や店舗運営部門と重複している機能が多々ある。両企業の組織に関わっている人員の重複性がなくなると、卸売業と小売業の生産性は格段に上がる。

　卸売業が自ら小売業を経営してみる、あるいは小売業が卸売業の経営機能を取り込むことである。米国卸売業の歴史をみても、卸売業主宰ボランタリーチェーンのように、本部機能は一本化されている。日本においても、卸売業が小売業を経営しているケースがわずかではあるが存在しており、注意深く生産性を見ることである。

2）リテールサポート事業

(1) リテールサポート事業の有償化

　日本の卸売業各社は、様々なリテールサポートを小売業との間で、

第2節　日本のリテールサポート

得意先であるとの理由で、無償で実施している。それがために、ジワリと効く漢方薬のように帳合が維持されているかもしれない。

　小売業によっては、帳合との関係で、卸売業に物流を委託することを避けて、物流専門会社に委託している会社がある。それでも、小売業に対するリテールサポートの中で、物流のみが有償化されている。

　今後、卸売業のリテールサポートが正当に事業として評価される為には、無償サービスの一環としてではなく、有償で提供されても、小売業から評価されることである。リテールサポートが、顧客になくてはならない事業内容を提供する、あるいは付加価値がある事業として評価されることである。それが、現状の取引価格制度を超えて、競争優位性を持っている企業の証になる。

(2) リテールサポート事業の有償化には組織化と人材育成

①卸売業がどのような経営戦略で将来に向かうのかを社内外で明らかにすることである。

②組織化と人材育成が、計画的に、長期にわたり実行されることである。人材の能力レベルで言えば、小売業向けの「販売士1級」あるいは「中小企業診断士」のレベルに相当する知識教育が必要である。また、販売、物流、システム、経理・財務という実務経験を経ることが必要である。社員を大事にして一人ひとりの可能性や能力を開発する。その為には、長期の育成計画がいる。短期的には、外部から相当レベルの人材を採用することもある。

③リテールサポートは、小売業の経営にお役に立つという目的の下に、リーダーとチームメンバーが一体になった組織を作り、チームとして協働して、継続的に働くことである。

187

参考図書

『進化する日本の食品卸売産業』宮下監修　日本食糧新聞 2006 年 10 月

『卸売業復権への条件　卸危機の実像とリテールサポート戦略への挑戦』宮下正房著　商業界刊 2010 年 9 月

『卸売流通動態論―中間流通における仕入と販売の取引連動性―』西村順二著　千倉書房 2009 年 5 月

『シリーズ流通体系＜2＞流通チャネルの再編』崔、石井編著　中央経済社 2009 年 7 月

『流通チャネルの転換戦略‐チャネル・スチュワードシップの基本と導入』V. カストゥーリ・ランガン著　ダイヤモンド社 2013 年 3 月

『製配販サプライチェーンにおける物流革新　企画・設計・開発のエンジニアリングと運営ノウハウ』尾田著　三恵社 2015 年 2 月

『経営実務で考えたマネジメントとリーダーシップの基本』尾田著　三恵社 2015 年 4 月

『物流エンジニアリングの温故知新』尾田著　三恵社 2015 年 12 月

『卸売業の経営戦略課題』尾田著　三恵社 2016 年 6 月

『仮想共配プロジェクト　卸売経営戦略と共配物流の事業化』尾田著　三恵社 2017 年 6 月

『物流自動化設備入門』尾田著　三恵社 2017 年 12 月

著者プロフィール

尾田 寛仁 （おだ ひろひと）

1948年山口県に生まれる
1971年九州大学法学部卒業
1978年九州大学経済学部会計学研究生修了
1971年～1976年日本ＮＣＲ株式会社。プログラム開発、客先システム設計及び、営業エンジニアに従事する。
1978年～2006年9月花王株式会社。販売を18年間、物流を9年間、及び経営監査を1年半、順次担当する。
販売では、販売職、販売教育マネジャー、販売TCR担当部長、東北地区統括兼、東北花王販売株式会社社長を経る。
物流では、ロジスティクス部門開発グループ部長として、物流設備や物流システム開発部門を担当する。並びに、花王システム物流を1996年に設立し、副社長・社長に就任し、開発グループ部長と兼務する。
経営監査は、経営監査室長として花王の内部統制の構築を行う。
公認内部監査人(CIA)の資格を取得する(IIA認定国際資格、認定番号59760)。
公務では、金融庁より企業会計審議会内部統制部会作業部会の委員に任命され就任する(2005年9月～2006年9月)。
2006年10月～2014年12月中央物産株式会社。専務取締役に就任。物流本部長、管理本部長及び営業本部長を順次所管する。
2015年1月、物流システムマネジメント研究所を設立し、所長となる。
同年7月、日本卸売学会理事に就任する。
2016年5月、日本マテリアル・ハンドリング(ＭＨ)協会理事に就任する。

著書:
『製配販サプライチェーンにおける物流革新　企画・設計・開発のエンジニアリングと運営ノウハウ』三恵社2015年2月、『経営実務で考えたマネジメントとリーダーシップの基本』三恵社2015年4月、『物流エンジニアリングの温故知新』三恵社2015年12月、『卸売業の経営戦略課題』三恵社2016年6月、『仮想共配プロジェクト　卸売経営戦略と共配物流の事業化』三恵社2017年6月、『物流自動化設備入門』三恵社2017年12月

Ｅメール：hirohitooda@yahoo.co.jp
携帯電話：090-5396-2955

卸売業の経営戦略展開
～帳合問題からマーケティングとリテールサポートへ～

2018年 6月 1日　初版発行　　　　　　　著　者　尾田 寛仁

発行所　　株式会社　三恵社
〒462-0056　愛知県名古屋市北区中丸町2-24-1
TEL 052(915)5211
FAX 052(915)5019
URL http://www.sankeisha.com

乱丁・落丁の場合はお取替えいたします。　　　　　　　　　　©2018 Hirohito Oda
ISBN978-4-86487-871-5 C2034 ¥2000E